法律

Law: A Very Short Introduction

Law: A Very Short Introduction

法律

瓦克斯（Raymond Wacks）著

殷源源 譯

OXFORD
UNIVERSITY PRESS

OXFORD
UNIVERSITY PRESS

Oxford University Press is a department of the University of Oxford.
It furthers the University's objective of excellence in research, scholarship,
and education by publishing worldwide. Oxford is a registered trade mark of
Oxford University Press in the UK and in certain other countries

Published in Hong Kong by
Oxford University Press (China) Limited
39/F, One Kowloon, 1 Wang Yuen Street, Kowloon Bay, Hong Kong

This Orthodox Chinese edition © Oxford University Press (China) Limited

The moral rights of the author have been asserted

First edition published in 2017

法律

瓦克斯 (Raymond Wacks) 著

殷源源譯

ISBN: 978-0-19-942703-1

3 5 7 9 10 8 6 4 2

English text originally published as *Law: A Very Short Introduction*
by Oxford University Press © Raymond Wacks 2008

目　錄

ix　　前言

1　　第一章
　　　法律的起源

43　　第二章
　　　法律的部門

81　　第三章
　　　法律與道德

103　　第四章
　　　法院

131　　第五章
　　　律師

147　　第六章
　　　法律的未來

187　　法律淵源：非常簡短的介紹

189　　案例討論

191　　推薦閱讀書目

圖片鳴謝

1　Code of Hammurabi, c. 1760 BC
© The Print Collector/Alamy

2　Byzantine Roman Emperor, Justinian
© Christel Gerstenberg/Corbis

3　University of Bologna
© Stephanie Maze/Corbis

4　Legal systems of the world map

5　Advertisement for the celebrated carbolic smoke ball
© Lordprice Collection/Alamy

6　Portia in The Merchant of Venice
© The Print Collector/Alamy

7　John Stuart Mill
© London Stereoscopic Company/ Hulton Archive/Getty Images

8　Pro-life demonstration in the United States
© Justin Sullivan/Getty Images

9　The trial of Saddam Hussein
© Pool/Getty Images

10　Medieval court of law, c. 1450
© Hulton Archive/Getty Images

11　Senior French judge and legal offi cial in their fi nery
© Jean-Bernard Vernier/Corbis Sygma

12　O. J. Simpson, acquitted of murder
© Sam Mircovich/AFP/Getty Images

13　Members of the Supreme Court of Canada
© AP Photo/CP, Fred Chatrand

14　Cartoon: juries may be infl uenced by factors other than the evidence
www.cartoonStock.com/© Mike Baldwin

15　Lawyer Atticus Finch, played by Gregory Peck in the film of To Kill a Mockingbird
© Universal International/Ronald Grant Archive

16　Hong Kong senior counsel dons ceremonial wig and silk gown

17　Cartoon: lawyers can only do so much for their clients
© Used with the permission of Mike Twohyand the Cartoonist Group

18　CCTV cameras
© Scott Barbour/Getty Images

19　Protest against animal cruelty
© Wally McNamee/Corbis

20　Gerry Adams displays listening equipment and tracking device used to spy on Sinn Fein
© Reuters

21　Obtaining DNA evidence
© Nucleus Medical Art, Inc./Alamy

22　A sophisticated ID card
© Varie/Alt/Corbis

前　言

　　「法律」(law)和「簡潔」(brevity)很少共存於同一句話中。法律的冗長與晦澀已然臭名昭著;這一點表明,任何對法律,甚至是對其入門知識進行濃縮的努力,即使不是堂吉訶德式的幻想,也是烏托邦式的事業。然而,這正是我在本書中所要完成的不可能的任務,即提煉出法律這一複雜現象的要點:法律的根基、法律的部門、法律的目的、法律實踐、法律機構,以及法律的未來。我的目標是向那些外行的讀者——包括法學、政治學或其他社會科學未來的學生或新生——介紹法律與法律體系的基礎知識,並盡可能避免使用技術性的術語。

　　我希望拙著能夠激發讀者對於法律引人入勝的特質的好奇心,並且促使讀者進一步思考和探索法律在我們生活中所起到的中心作用。那些願意深入思考法律眾多層面的人,還可以去閱讀一些列在「推薦閱讀書目」中的著作。當然,也有大量優秀的線上法律資源,本書的第六章將會列出其中最具影響力的一些互聯網網站。

　　必須要強調的是,儘管本書的重點在於介紹西方

世俗法律傳統（普通法系和大陸法系）[1]，但我也簡要討論了其他的法律體系，如伊斯蘭法、習慣法和某些混合法律體系，因為我的主要目的是對「法律」在最廣泛的意義上進行簡要介紹。但是，我承認，我的側重點在於普通法。對於這種偏見（如果一定要這樣說的話），可以為之辯護的理由是，普通法的許多特徵已經有明顯的全球化趨勢——不過這種理由太油滑了。真正的解釋更為直接：本書以英文寫就，而且作者的絕大部分工作時間是在普通法法域內度過的。我的外語不那麼熟練，這就決定了我所有的資料，包括那些普通法之外的法律體系的資料，都是英文的。儘管面臨這種障礙，我已經試圖控制住自己不對法律作出任何不必要的假設，雖然這些假設可能源自我特別多樣化的個人經驗。我曾經在一個混合法律體系（南非）以及另外兩個普通法法域（英格蘭和中國香港）中學習並教授法律，而我現在則居住在一個大陸法系的國家（意大利）。我希望，我的遊歷生涯能夠幫助我減少本書中出現的失於偏頗之處。

幸運的是，在上面的法域裏，有兩個法域特別具有教育意義。它們自從20世紀90年代以來都經歷了翻天覆地的劇變，從而導致了法律層面上的根本變

1　civil law 可譯為民法法系，也可譯為大陸法系。為防止入門者對於民法和民法法系這兩個概念產生混淆，本書採用大陸法系這一譯法。——全書所有注釋均由譯者所加，以下不再一一說明。

化。1992年，種族隔離制度的法律架構被摧毀了；兩年後，尼爾森·曼德拉(Nelson Mandela)當選為「新南非」的總統，民主憲法、權利法案和憲法法院也同時誕生。1997年，香港回歸中國，從英國的殖民地轉變成中華人民共和國特別行政區，而這種轉變首先是個法律問題。中國香港在國家主體堅持社會主義制度的情況下，保持原有的資本主義制度，這本是幾無可能的，但它的形制和結構經由中國香港的新「憲法」（即基本法）而得到維持，從而保證了中國香港現行普通法體系的延續。

如果我們能夠從這兩起引人矚目的事件中學習到什麼，那也許就是這個老生常談的事實：法律是維持和改變社會的工具，它並不完美，卻不可或缺。有效運轉的法律體系能夠提供確定性、普適性和可預測性，低估這種價值是非常輕率的。沒有哪個社會能夠達到真正的和諧一致，但是如果沒有法律，我們這個日益多極化的星球將會不可避免地墮入混亂與衝突。

簡短地——且避免過於簡單化地——概括法律的基本特徵，導致了無數冷血的決定。許多章節被我忍痛扔進了不斷膨脹的回收站。我只是希望，當我勾勒出當代法律的中心地帶時，它的邊緣不至於被我描繪得過窄或過寬。我致力於描繪出變動不居的法律地形圖的關鍵特徵；當然，我也承認，這在很大程度上取決於法律的邊界。

同樣重要的是，我們必須着重指出，如果不瞭解法律的社會、政治、道德與經濟背景，就不能準確地瞭解法律。法律理論或者說法理學，旨在揭示諸多深層的哲學因素，以解釋法律這一複雜概念及其在法律制度中的實際運行。第三章試圖闡明法律與社會所接受的道德實踐之間頗具爭議的緊張關係。我拒絕在經常難以通行的法哲學灌木叢中繼續遠足，既是因為它遠遠超出本書的卑微目標，也是因為我希望，如果有讀者想要閱讀這一令人興奮的學科的簡介讀物，他們可以轉向我的《法哲學》（*Philosophy of Law: A Very Short Introduction*, Oxford University Press, 2006）。該書可以被視為你手中這本書的姐妹篇。

在制訂與執行這個計畫的過程中，牛津大學出版社的相關人士一如既往成為了我相當愉快的合作夥伴。我還要特別感謝Andrea Keegan, James Thompson, Alice Jacobs, Helen Oaks, Deborah Protheroe, Zoe Spilberg, Winnie Tam，以及我初稿的匿名審稿人。

如果沒有我的妻子Penelope（幸運的是，她是一位大律師）恒久的愛、鼓勵與支持，這一切都是不可能的。對於我這位忠誠的臣民，她的主權是無限的；她的話語即是法律。

雷蒙德·瓦克斯(Raymond Wacks)

第一章
法律的起源

　　踏上一輛巴士。法律就在那裏。你差不多已經締結了一份合同：支付車票，以到達目的地。如果你沒買票就下了車，那麼刑法的長臂將很有可能來抓你。如果汽車出了交通事故的話，法律也準備好了決定誰會為你受到的傷害承擔責任。你的工作、你的家庭、你的人際關係、你的人生——以及你的死亡，你全部的生活——以及更多的一切，都處於法律的管理、控制與指引之下。法律制度處於每個社會的核心地帶，它保護權利，賦予義務，並為幾乎每一起社會、政治及經濟活動的實施建立框架。懲罰違法者，賠償受害者和強制執行協議，只不過是現代法律制度的一小部分任務。除此之外，法律還努力實現公正，提倡自由，保障法治，並保護安全。

　　不過，對於外行來說，法律看起來經常是高度技術化的、令人困惑的和神秘的，充滿了舊式且時常令人費解的行話術語、陳腐的程序、冗長的繁文縟節式的法律規定、附屬立法以及法院的判決。律師們傾向於回顧過去。遵循先例的原則是普通法的獨有烙印，

它表明過往如此，現在也應該如此，並據此給這個不確定的世界提供了具有確定性和可預測性的規則。

但法律並不是靜止不變的。全球化、科技的迅速發展以及行政監管的日益增多，都不斷地在給法律施加壓力。大家期待着國內法律制度對於上述改變作出回應，甚至作出預測；也有很多人期待國際法能夠解決國家之間的爭端，懲罰邪惡的獨裁者，並創造一個更好的世界。這些都是當代法律制度所面臨的無數問題中的一部分。

法律很少毫無爭議。律師和政治家們習慣性地推崇法律的價值，改革者們哀嘆法律的缺陷，懷疑論者駁斥法律對公正、自由與法治自以為是的擁護。然而，很少有人會否認，在絕大多數社會裏，法律已經成為我們的社會、政治、道德和經濟生活得以進步與發展的重要工具。想一想法律規定給我們生活中的無數層面帶來的轉變吧，而之前這些層面都曾經被認為屬於個人生活領域：促進性別和種族平等、保障工作與娛樂安全、確保食物更為健康、維持商業道德，以及追求其他許多值得讚賞的理想。保護人權、環境、個人安全的法律蓬勃發展。似乎沒有什麼不能被法律的長臂所觸及。立法產業的快速發展，使公民們難以熟悉大量的法律規定，也讓權力機構難以實際執行。

法律是新聞。謀殺、併購、婚姻、不幸和謊言成為了媒體的每日素材，尤其是在不當行為在法庭上被

公開展示的時候。涉及名人的轟動性審判僅僅是冰山一角。訴訟是法律微不足道的一部分，這在底下的章節中將會越來越明顯。

但是法律是什麼？大致而言，這個看起來很簡單的問題有兩個主要答案。一方面，有人認為法律是一系列與自然相一致的、普遍的道德準則。這一觀點(被所謂的自然法學家所接受)歷史悠久，可以追溯到古希臘時期。另一方面，對於所謂的法律實證主義者來說，法律僅僅是有效的規則、命令或準則的集合，它們可能不具備任何道德因素。另外一些人則將法律視作保護個人權利，達成正義或者經濟、政治和性別平等的基礎工具。幾乎沒人相信法律可以與其社會背景相分離。法律的社會、政治、道德與經濟背景，對於正確理解法律的日常運轉而言非常關鍵；在形勢不斷變化的時代中，這一點尤為正確。認識到形式主義的脆弱性非常重要。如果我們忽略了法律從屬性的本質和價值，我們就是在危險的薄冰上滑行。對法律本質的思考有時會深奧得讓人煩惱，然而這種思考會不時地讓我們對「我們是誰」和「我們正在做什麼」產生重要的認識。這些不同立場的本質和後果，不久後都將顯現出來。

法律的創立

儘管法律在社會中的地位相當重要，但它第一

次以成文法典的形式出現，僅僅是在公元前3000年左右。在文字出現之前，法律只是以習慣的形式存在。書面法律的缺位，使得這些規則持續或廣泛的適用受到了限制。

漢謨拉比法典是最早的成文法典之一(漢謨拉比是巴比倫帝國的國王與開創者)。它大約在公元前1760年左右出現，是統治者向其人民公佈的最早的系統法律文本之一，以使人民了解他們的權利和義務。這部法典雕刻在一塊黑色的石碑上(也許你可以在盧浮宮看到它)，包含約300個條款。法典的規定覆蓋了一系列廣泛的活動，從對作偽證者的懲罰(死刑)，到房屋建築工的責任(死刑)——如果他負責建造的房屋倒塌，並導致房屋主人死亡的話。這部法典幾乎沒有規定任何抗辯理由或者藉口，可以說是嚴格責任的早期典範！

這位國王其實是對更為古早的法律作出了承認(但對此我們的證據少得可憐)，他的法典隱隱表明了這一點。因此，這部法典實際上反映了在這位古代君主統治之前就已經存在的習慣。

另外一個更加引人注目的早期立法例證，可以在公元前6世紀左右的雅典政治家梭倫所制定的法律中找到。梭倫被古希臘人尊為七賢之一，他被授予立法權，以幫助雅典度過社會與經濟危機。他所制定的法律範圍極其廣泛，包括對經濟、政治、婚姻、犯罪與刑罰的重大變革。他根據經濟地位將雅典社會分成五

圖1 漢謨拉比法典由巴比倫國王在公元前1760年左右創製，是現存最早的法律文本藏品之一。它是保存完好的閃長岩石碑，展示了282條法條，吸引我們深入了解了這位國王治下的社會生活。

個階層。個人所承擔的義務(包括納稅責任)，取決於他所在的階層。梭倫取消了農民為之抵押土地或人身的債務，奴隸制也因此而告終。

為了解決較高階層與較低階層的市民之間的爭議，在公元前450年左右，羅馬人在銅表上頒佈了法律彙編，即十二銅表法。公元前455年左右，羅馬人指派了十人委員會(*Decemviri*)，來起草對所有羅馬人——特權階層(貴族階層)和普通人(平民階層)——都有約束力的法典。對這部法典，治安官(兩名執政官)必須加以執行。此舉的成果是大量法律的彙編。大多數法律源自當時佔主導地位的習慣，它們佔據了十塊青銅錶。平民對這一結果並不滿意；公元前450年，羅馬人任命了第二個十人委員會，這個委員會增加了另外兩塊青銅錶。

在這段所謂的古典法學家時期(即公元前1世紀到公元3世紀中葉)，羅馬法的複雜精細程度顯著增加。事實上，這些法學家們(蓋尤斯、烏爾比安、帕比尼安、保羅，以及其他的法學家們)非常高產，其著作汗牛充棟，厚重得令人絕望。在公元529年到534年之間，東羅馬帝國的皇帝查士丁尼下令，對這些紛蕪龐雜的文本進行縮減，編纂成系統的、綜合的法典。其成果是三本書，即包含《學說彙編》、《法典》與《法學總論》的《民法大全》[1]。這些成果本來要被視

1　《新赦律令》係公元534年後頒佈的法律的彙編，其形成時間遠遲於前三部書，故作者未將該書列入公元529年至534年之間的編纂成果。

圖2 拜占庭羅馬帝國皇帝查士丁尼。這幅肖像來自拉文納的聖維塔萊教堂中驚人的馬賽克畫作之一。他監督將羅馬法修訂和編纂成《民法大全》，它由《學說彙編》、《法學總論》、《法典》和《新赦律令》構成。

為一勞永逸的：它們是法律的最終表述，不需要任何新的解釋。但是，這種絕對的確定性很快成為泡影：這一法典過於冗長(近100萬個詞)和巨細無遺，因而適用難度極高。

然而，一絲不苟的細節終究成為了這部法典的巨大力量。在西羅馬帝國滅亡600餘年後，歐洲見證了羅馬法研究的復興。仍在西歐部分地區生效的查士丁尼法律彙編，成為了歐洲律師進行實驗的完美樣本。1088年左右，位於博洛尼亞的西歐第一所大學建立，之後四個世紀裏，歐洲各地的大學紛紛建立，向研習法律的學生同時傳授查士丁尼法和教會法。而且，查士丁尼法典中的矛盾性和複雜性開始成為了它的優勢，因為儘管皇帝醉心於讓這些法規成為終極答案，但是它們仍然可以順應不同時代的要求，被重新解釋與改編。由此羅馬法在歐洲大部分地區得到了傳播——儘管在文藝復興時期和宗教改革時期，它也面臨着眾多反對者。

然而到了18世紀，人們開始認識到，需要有更加簡明的法典。查士丁尼法典被一些新的法典所取代，這些新法典旨在追求簡潔性、易於適用性和全面性。1804年的拿破侖法典離實現這些崇高的抱負又近了一步。通過殖民，這部法典被引進到西歐與南歐大地，並傳入拉丁美洲；它對整個歐洲產生了巨大的影響。1900年，一部更加技術化和抽象化的法典在德國被頒

圖3　博洛尼亞大學可以說是西方世界最早的大學。它建立於1088年左右，在那一時期，語法、修辭與邏輯大師們開始將他們的注意力轉向法律。博洛尼亞大學一直盛產傑出的法學教師團隊。

法典化的吸引力

一個人需要開卷才知，法律所蘊含的種種層面，是怎樣適用於在人類可能的活動範圍內所能夠想像出來的每一種行為：哪些行為是他必須為自身、鄰居或社會公眾的利益而去履行的義務，哪些行為他有權利去實施，哪些行為他有權利讓別人為了他的利益去實施……在這樣一個知識庫內，他或者任何其他人所服從的整個義務體系得到了記錄與展示，可供人閱覽。

Jeremy Bentham, *Of Laws in General*, chapter 19, para 10; quoted in Gerald J. Postema, *Bentham and the Common Law Tradition* (OUP, 1986), p. 148

佈；它並不是用戶友好型的法典，但是它以驚人的全面性彌補了這一缺陷。它的簡稱是BGB，其影響力同樣巨大：它成為了中國、日本、希臘與波羅的海國家的民法典立法典範。

西方法律傳統

西方法律傳統具有一系列顯著特徵，以下特徵尤為突出：

- 法律機構(包括司法、立法及其制定的法規)與其他機構之間具有相對清晰的分界，同時上述機構的法律權威高於政治機構。
- 法律原理的本質包括主要的法律淵源，並以法律訓練、法律知識與制度性的法律實踐為基礎。
- 法律的概念是由一系列規則和原則構成的、連貫一致的有機整體，並有其自身的內在邏輯。
- 存在律師與其他法律專業人士，並有相應的專業訓練。

儘管有些特徵也會出現在其他法律傳統中，但它們對法律在社會中扮演的角色重視的程度和採取的態度，都與西方法律傳統有所不同。在西歐，法律，特別是法治，是社會形成的基本元素，也是社會自身意義之

所在。對於法律與法律程序的尊重，通過當代西方民主制度，也規範着一國政府在國內和國際上的行為。

法治理想與英國憲法學者Albert Venn Dicey聯繫得最為緊密。在他極負盛名的著作《英憲精義》(1885年)中，他詳細闡明了英國(不成文)憲法的基本理念，尤其是法治理念。根據戴雪的觀點，法治理念應當包含以下三個原則：

- 與專斷權力的影響相比，普通的法律應當具有絕對的至高無上的地位或優勢地位。
- 法律面前人人平等，或者說，每個階層都服從於這塊土地上的一般性法律，並服從一般法院的管轄。
- 憲法源於由法院加以確定並執行的個人權利。

大陸法系與普通法系

歐洲大部分地區、南美以及其他地區採用的法典化制度被稱為大陸法系，與其形成對比的是英格蘭、威爾士、前英國殖民地、美國及加拿大大部分地區採用的普通法制度。大陸法系通常被分為四種類型。第一種是法國法系，它同樣為比利時、盧森堡、加拿大的魁北克省、意大利、西班牙，以及它們的前殖民地所採用(包括非洲與南美洲的前殖民地)。第二種是德國法系，主要為奧地利、瑞士、葡萄牙、希臘、土耳

其、日本、韓國所採用。第三種是斯堪的納維亞法系，為瑞典、丹麥、挪威與冰島所採用。第四種是中國法系，它結合了大陸法系與社會主義法律的元素。這種四分法並非滴水不漏。比如在過去一個世紀裏，意大利、葡萄牙和巴西的法律已經向德國民法體系靠攏，它們的民法典逐漸採取了德國民法典的基本元素。俄羅斯的民法典在一定程度上則是荷蘭民法典的翻譯版。

普通法的古老魅力

某些事對於大陸法系的律師們來說只是單純的一個問題，可以用一部法律來解決；但是對於普通法系的律師而言，就是一堆更加專門的問題，他必須用多種法律體系加以解決，而且大多數法律還具有古老的淵源……然而，我們應當坦率承認，儘管英國的制度確實有着古董式的魅力，但是它太複雜，太難理解，因此其他人根本不會想去採用這種制度。

K. Zweigert and H. Kötz, *An Introduction to Comparative Law*, 3rd edn (OUP, 1998), p. 37

儘管這兩種傳統——普通法系與大陸法系——在過去的一個世紀裏開始互相靠攏，但這兩種體系仍然具有至少五處重大的區別。首先，普通法系的本質是

不成文法，這一特點是由中世紀的律師及其提交辯論意見的皇家法院的法官聯手造成的。實際上，這一根深蒂固的口述傳統得到了強大的君主制的支持，並在羅馬法研習的復興之前，由專家加以發展。這一點也許能夠解釋為什麼羅馬法體系從來沒有被英格蘭所接受。

數代普通法律師都拒絕了法典化，然而在美國，這種抵觸情緒已經逐漸減弱。自從美國法律協會(其組成人員為律師、法官以及法律學者)於1923年成立以來，它已經發佈了一系列「法律重述」(涉及的領域包括合同、財產、代理、侵權以及信託)，以「通過對基本法律問題的重述來解決法律的不確定性，從而讓法官與律師知道法律是什麼」。他們的目的在於讓法律更加明晰，而不是將法律法典化。這些法律重述所持的觀點具備僅次於法律的權威性，這一點可以通過美國各法院的普遍接受(儘管並非一直與它們保持一致)得到證明。更加重要的是《統一商事法典》(UCC)，它針對重要的商業交易建立了一系列穩定而一致的規則，在全美都得到了廣泛應用。美國50個州的法律各不相同，因此對於商業交易使用統一的規則就顯得格外重要。想像一下因缺少這種標準化而引發的混亂：你生活在紐約，在新澤西買了一輛在密歇根製造、倉儲地在緬因的車，然後這輛車被運送到了你家。

第二，普通法具有詭辯意味：它的基石是案例，而大陸法系的基石則是法律文本。隨便問一個美國、

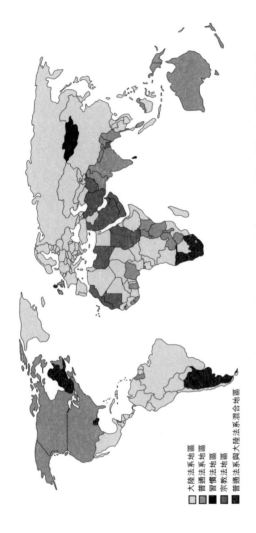

圖4　儘管大陸法系是世界上應用範圍最廣的法系，但也有不少國家適用普通法；適用宗教法與習慣法的國家則更少。

大陸法系地區
普通法地區
習慣法地區
宗教法地區
普通法系與大陸法系混合地區

澳大利亞或者安提瓜島的學法律的學生，他們絕大部分的學習時間都用來做什麼，答案幾乎肯定是「閱讀案例」。如果去問阿根廷、奧地利或者阿爾及利亞的學生，他們則會提及他們一直在精讀的民法或刑法法典。普通法律師集中於研究法官作出的論斷，而非法典的詞句，因此他們會用一種更加實用的、不太理論化的手段來解決法律問題。

第三，考慮到法院判決的中心地位，普通法系的律師把遵循先例原則作為整個法律體系中的最高原則。這一原則意味着，在案件的事實基本相似的情況下，法院作出的在先判決應當適用於現在的案件；它也意味着在司法等級制度中級別較高的法院作出的判決，對於級別較低的法院具有約束力。這一理念之所以正當，是因為它可以帶來穩定性、可預測性和客觀性；同時也可以讓法官「辨識」出明顯具備約束力的先例，其依據是它們與之前的案例在某些方面有着實質性的區別。

第四，儘管普通法以「何處有救濟，何處即有權利」為基本前提，大陸法系卻在整體上採取了一種完全相反的立場，即「何處有權利，何處即有救濟」。如果説普通法系本質上是救濟本位而非權利本位，那麼從表面上看，這是由所謂的令狀制度導致的。在採取這一制度的英格蘭，自從12世紀以來，如果沒有經國王的授權所發佈的令狀，訴訟均不能開始。每一個

請求都有一種正式的令狀。因此，舉例來說，債務令狀是所有追索欠款的訴訟的前提，權利令狀的存在則是為了追索土地。在17世紀，人身保護令(habeas corpus，字面意義為「你必須提交此人的身體」)是對專斷權力的重要制約，因為它要求將未經審判而被關押的人呈交法院[2]。如果關押此人並無正當合法的理由，則法官可以命令釋放此人。大陸法系國家用了一個世紀之久，才最終接受了這一自由社會的根本特徵。

最後，在13世紀，普通法系已經將陪審團引進了民事案件與刑事案件。陪審團決定案件的事實問題，法官決定法律問題。陪審團審判制度一直是普通法系的根本特徵，大陸法系從未接受過這種將事實與法律分離的做法。這種分離也闡明了普通法系口述傳統的重要性，這與大陸法系所採取的、以書面辯論意見為中心的做法截然相反。

有這樣一些法域，例如蘇格蘭，儘管其法律體系並非法典式的，但是仍然在不同程度上保留了羅馬法的影響。也有一些法域雖然避免了羅馬法的影響，但由於制定法佔據主導地位，這些國家的法律體系與大陸法系傳統較為接近。這些法域包括斯堪的納維亞國家，在羅馬–日爾曼法系中具有獨特的地位。

2　另一解釋為you may have the body，意即「你可以擁有此人的身體」。對人身保護令的歷史感興趣的讀者，可閱讀丹寧勛爵(Lord Denning)的經典之作《法律的界碑》(*The Landmarks in the Law*)第八章的內容。

其他法律傳統

宗教法

如果不去細究某一法律制度的宗教根源，就不可能正確地理解這一制度。這些根源往往根深蒂固，歷時久遠。事實上，在西方世界，羅馬天主教會的法律制度最為悠久，也未曾間斷。就西方法律制度而言，宗教的影響可謂相當明顯：

基本的機制、觀念和價值觀……可以追溯到11世紀和12世紀的宗教儀式、禮拜儀式和教義。它們反映了對於死亡、原罪、懲罰、寬恕與救贖的新態度，以及關於神與人的關係、信仰與理性的關係的新看法。

在12世紀的歐洲，教會法在很多領域起着重要作用。教會法庭宣稱，它對範圍相當廣泛的事項具有管轄權，包括異端、婚前性行為、同性戀、通姦、誹謗，以及偽證。教會法仍然適用於不少教會，特別是羅馬天主教會、東正教會，以及聖公會。

世俗主義的興起並沒有完全排除宗教法的影響。在西方世界，立法和法院對於宗教專屬事務的管轄權經常受到限制，而且很多法律制度包含了宗教法，或將宗教機構的事務交由它們自己處理。但是西方法律的一大重要標誌是政教分離。

若干卓越的宗教法律傳統與國家法律制度並存，而有些宗教法律傳統則為國家法律所採納。最為重要的是塔木德法、伊斯蘭法以及印度教法。這三種宗教法的權威都有神聖來源，即《塔木德經》、《可蘭經》和《吠陀經》中揭示的宗教教義。

塔木德法

塔木德法象徵着一種偉大的智識理念；作為一本法律書，它包含了來自所有時代的觀點，其相異之處永無止境；它還處理着過往之事，從未將其視為終結，這就給更多的意見提供了空間，而每一個時代都與之相關。在任何法律傳統中都找不到類似的特點。

H. Patrick Glenn, *On Common Laws* (OUP, 2005), p. 131

所有的宗教法都以種種方式影響着世俗法。例如塔木德法對西方商法、民法和刑法都有着重要的影響。在普通法系和大陸法系之外，我們還可以找出另外四個重要的法律傳統。

印度教法

印度教法承認法律與世界均有變化之可能，但是……印度教法只是在忍受，而不會以任何方式鼓勵這種變化的可能性，認為它一定會發生，但不應當干擾整個世界的和諧基調。如果干擾到了，那就是惡業，會得到相應的處置。因此，就一種書面記載的傳統而言，印度教傳統的寬廣令人難以置信。忍受並非位於這個傳統的邊緣，而是位於它的核心。而且忍受有其所獨有的戒律。

H. Patrick Glenn, *Legal Traditions of the World*, 2nd edn (OUP, 2004), p. 287

伊斯蘭法主要以《可蘭經》的教義為基礎。它延及生活的方方面面，而不僅僅適用於那些屬於國家和社會的層面。超過地球人口總數五分之一的人(大約13億人)遵守着它。

印度教的核心以因果循環的理念為前提：善良和邪惡最終決定着人們下一世的好壞。印度教法，尤其是其中與家庭和繼承有關的部分，適用於大約9億人，他們多半生活在印度。

伊斯蘭法

伊斯蘭法……通過對人性的常理推定，而非通過完善自創的範疇來尋求永恒性。它是一個由倫理、邏輯與判斷構成的體系，它並非建立在對教旨的完善之上，而是建立在日常生活的標準之上；以此作為衡量標準，它的發展、整合、邏輯和成就都是極具影響力的。人類的義務是遵循真主創設的道德約束，而不是試圖去發明它們。但是在真主創設的道德約束之內，在知道它們的存在、錯綜複雜性和交互影響的情況下，人們可以創造各種關係，並進行交易。

Lawrence Rosen, *The Anthropology of Justice: Law as Culture in Islamic Society* (CUP, 1989), p. 56; quoted in Malise Ruthven, *Islam: A Very Short Introduction* (OUP, 1997), p. 89

習慣法

習慣法所涉及的慣例必須具備通常做法和習慣之外的其他特徵。它們需要具備一定程度上的合法性。辨認出這種合法性並非總是輕而易舉，儘管習慣法一直在扮演重要的角色——特別是在具有混合法律制度的法域中，比如某些非洲國家。習慣的韌性在印度與中國也非常明顯。事實上，關於中國的習慣法，《中華人民共和國香港特別行政區基本法》規定，習慣法作為在之前的香港(1997年7月1日之前)已經生效的法律的一部分，應當繼續有效。

混合法律制度

在一些法域中，兩種或者兩種以上的法律體系互相影響。比如在南非，羅馬－荷蘭法的存在，是受到荷蘭法學家影響的結果，他們在著作中參考了羅馬法。這一傳統是在17世紀和18世紀向好望角殖民地輸出的[3]。19世紀，在南非引進英國普通法之後，南非法律體系的混合特性更加具有活力，兩種體系實現了非凡的和諧共存。並且，這一趨勢仍在延續：

> 如同寶石鑲嵌在胸針之中一般，在今日的南非，羅馬－荷蘭法在英國製造的基座上光芒閃耀。即使整個南非的私法與刑法體系仍然是純正的羅馬－荷

3　其時好望角為荷蘭殖民地。

蘭法(事實上，它並不是)，作為整體的南非法律體系仍然是一種混合體系，大陸法系與普通法系的元素在其中互相碰撞。

儘管斯里蘭卡和圭亞那分別在1799年和1803年引進了羅馬－荷蘭法，但這種混合體系早已不再有效，普通法正佔據着主導地位。

中國法

傳統的中國社會與其他的儒家文明一樣，沒有發展出以西方法律體系的基礎理念為根基的法律體系。儒家思想接受了「禮」的概念：它與其他普遍和平等適用的固定的法規體系，形成了強烈的對比。儘管中國的「法家」致力於削弱儒家哲學理念的政治影響力，要用「法治」(法)取代儒家的組織之道——「禮」，但「禮」仍然一直在中國佔據主導地位。

中國令人嘆為觀止的現代化進程，需要能夠促進經濟發展和金融發展的法律。毫無疑問，法律在當代中國的角色仍然是工具性和實用性的。中國的法律體系在本質上屬於大陸法系，因而在很大程度上也是法典化的。

中國法律的未來

我願意大膽地提出，當中國現在的經濟改革帶來席捲整個國家的經濟與社會巨變時，隨着時間的流逝，所有傳統法律文化中的封閉元素得以形成的社會背景，將被另一種社會背景所取代。它們將會在重煥青春的中國文化中找到自己的位置，而中國文化能夠，而且也將會從中國傳統裏的開放元素中得到啟發，諸如儒家的仁愛，道德修養，以及對於天、地、人與世間萬物之和諧的默默卻無盡的精神追求。

Albert H. Y. Chen, 'Confucian Legal Culture and its Modern Fate', in Raymond Wacks (ed.), *The New Legal Order in Hong Kong* (Hong Kong University Press, 1999), pp. 532–3

法律的誘惑

當人們深受不公之苦時，他們經常抱怨：「應當由法律來制止這個行為啊！」現在的趨勢是，我們日益期待法律來解決問題，這是可以理解的。當法律不能提供救濟時，人們會覺得沮喪和憤怒。但是法律對於反社會行為的管制，並不像看起來那麼簡單。本書第六章提到的技術給法律帶來的挑戰，應該說明了這一點。我們向法律——或者律師——尋求幫助時，很有必要去回憶一下偉大的美國法官倫恩德‧漢德 (Learned Hand) 的話語。漢德法官針對人們對於法律的過度信任，開出了這劑解藥：

我常常在想，我們是否將希望過多地寄托於憲法、法律和法庭之上。這是錯誤的希望；相信我，這是錯誤的希望。自由在每一位男子和女子的心中；當它在那裏死去時，憲法、法律或者法庭，都將束手無策。如果它依舊在每個人的心中，那麼它不需要任何憲法、法律或者法庭來加以拯救。

本文的論述自會證明這一斷言到底是否正確。

法律的功能

秩序

很難想像足球、象棋或橋牌可以沒有規則。如果沒有一套達成一致的、成員應該遵守的規則，一家撲克休閒俱樂部都沒辦法正常運轉。因此，當人們組成更為龐大的社會團體時，他們總是需要法律，這一點絲毫不讓人吃驚。幾乎難以想像沒有法律的社會。不幸的是，我們總是傾向於利己主義。法律對自由的限制，是我們為了在社區中生活必須付出的代價。「我們都是法律的奴隸，」古羅馬偉大的律師西塞羅寫道，「所以我們才可能自由。」法律提供了安全與自決，這在很大程度上推動了社會和政治的進步。

「法律與秩序」已經成了老生常談，也許更準確的說法應該是「法律為了秩序」。人們普遍認為，如果沒有法律，秩序就不可能得到維持。而秩序——或

者，用現在更流行的詞來說，「安全」——是絕大多數政府的中心目標。如果社會有志於保障其成員的幸福安康，那麼「安全」則是基本前提。

托馬斯·霍布斯在著名的自然狀態理論——在社會契約理論之前——中宣稱，人類的初始狀態是「孤獨的、窮困的、下流的、粗野的和短暫的」。不過，不止一名學生將這一格言修正成了「……下流的、英式的和短暫的」[4]。霍布斯認為，只要我們希望維持秩序和安全，法律和政府就是必需品。因此，根據社會契約，我們需要將自然自由讓渡出去，以創造一個有秩序的社會。在今天，他的哲學被認為有點威權主義，因為他將秩序置於正義之前。尤其需要指出的是，他的理論——事實上，他自己也承認——是為了削弱革命的合法性，哪怕革命旨在反對惡政。

他認識到，無論是在精神上還是在生理上，我們在本質上是平等的：最弱者也有能力殺死最強者。但他認為，這種平等造成了混亂。他論證說，人們容易基於三種原因而爭吵：競爭(因為物質財產的供給有限)、不信任與榮耀(為了保護我們強大的名聲，我們一直保持敵對)。霍布斯(Thomas Hobbes)認為，因為我們容易發生衝突，我們的自然狀態是，所有人都持續地互相敵對，沒有任何道德存在，所有人都生活在永

4　這裏包含了一個文字遊戲：「粗野的」原文為brutish，而「英式的」
　　原文為British，僅有一個字母之差。

恒的恐懼之中。在這種戰爭狀態停止之前，所有人對一切事物都擁有權利，甚至包括他人的生命。當然，秩序僅僅是法律的一種功能。

正義

法律無疑維護着秩序，但它還有另外一種至關重要的功能。20世紀的英國法官丹寧勛爵（Lord Denning）曾經說過：

> 我認為，法律有兩個偉大的目標：一是維護秩序，二是伸張正義；然而，這兩個目標並非一直保持一致。有些人重視秩序，將穩定置於正義之前；而有些人重視救濟不平之事，將正義置於穩定之前。正確的解決之道，是保持二者之間的適當平衡。

對正義的追求必須成為任何法律制度的核心。法律與正義畫上等號的歷史相當久遠。這一理念在古希臘哲學家的著作中，在《聖經》中，在古羅馬皇帝查士丁尼的法典中都可以找到。但是，要弄清楚正義的概念並不容易。柏拉圖和亞里士多德都曾致力於闡釋正義的基本特徵。事實上，絕大多數對正義的討論，仍然以亞里士多德的方法為出發點。亞里士多德認為，正義在於以平等對待平等，以不平等對待不平等（根據不平等的程度而定）。亞里士多德承認，正義中所蘊含的

平等既可以以算術方法計算(以所涉及之人的身份為基礎)，也可以以幾何方法計算(以維持同樣的比例為基礎)。因此，他區分了兩種正義，一是矯正正義(交換正義)，二是分配正義。前者是法庭的正義，適用於矯正犯罪或矯正不當的民事行為。它要求所有人都必須被平等地對待。至於後者(分配正義)，亞里士多德認為，給予每個人的，應當和他的價值或他所應得的份額相適應。根據亞里士多德的觀點，這一點主要是由立法者考慮的範疇。

在經典之作《法律的概念》中，哈特(H. L. A. Hart)認為正義的理念：

> ……包含兩個部分。一是統一性或者恒定性，可以用一句格言來概括：「情況相似的案件，應當得到相似的判決」；二是一個靈活的、可變的原則，基於任何既定的目的，用於決定案件是相似的還是不同的。

哈特認為，在現代社會，「人類有權得到同等對待」這一原則已經根深蒂固，因此，為種族歧視辯護的理由經常是：那些被歧視的人「不完全是人類」。

另外一種特別具有影響力的正義理論叫作功利主義，它總是讓人想起著名的英國哲學家，法律改革者傑里米·邊沁。他的文風富有活力，極具個人特點：

自然把人類置於兩位主公——快樂和痛苦——的主宰之下。只有它們才指示我們應當幹什麼，決定我們將要幹什麼。是非標準和因果聯繫，俱由其定奪。……功利原理認可這一被支配地位，把它當作旨在依靠理性和法律締造幸福制度的基礎。凡試圖懷疑這個原理的制度，都是重虛輕實，任性昧理，從暗棄明的。[5]

為了這一目的，邊沁制定了「幸福計算法」，以評估任何行為的「幸福指數」。

世界上有許多解釋正義為何物的方法，它們互相衝突。有些方法同樣反映了霍布斯的社會契約理論。這一理論的現代版本在羅爾斯(John Rawls)的重要著作中有所反映。羅爾斯拒絕了功利主義，將正義理念發展為公正性。這種公正性旨在得出正義的客觀原則，在理論上，它將會得到無知之幕下個體的一致同意，這些個體並不知道他們所屬的性別、階層、宗教或者社會地位。每個人都代表着一個社會階層，但是他們並不知道自己是聰明還是愚頑，強壯還是虛弱。他們也不知道自己生活在哪個國家或哪個時期。他們只對科學和心理學原理有基本的知識。在這種幸福的無知狀態下，他們必須以匿名的方式決定一份契約，這份

5　此段引文參考了時殷弘先生的譯文(《道德與立法原理導論》，商務印書館2000年12月第1版，第57頁，第一章第一小節)。

契約的基本原則將會規定他們組成的社會的生活模式。在這一過程中，他們為理性的個人利益所驅動：每個人都在追尋着那些最能夠使自己獲得自己所選擇的「美好生活模式」的原則，不管這種模式到底是什麼。

法律現實主義

法律的生命不在於邏輯，而在於經驗。感受到的時代的需求、主流的道德與政治理論、公開宣佈的或者潛意識裏關於公共政策的直覺，甚至法官共同的偏見，在決定統治人們的法律規則如何適用的過程中，比三段論式推理更加重要。法律反映了一個國家數世紀以來的發展史，我們不能像對待一本只包含了公理和推論的數學書那樣對待它。

Justice Oliver Wendell Holmes, *The Common Law*, 1

除非某一法律體系的規則盡可能具備合理性、普適性、平等性、可預測性和確定性，否則正義就不可能通過這一法律體系而獲得。但是，這些目標都不可能在絕對的意義上達成，它們只是理想。舉例來說，法律永遠不可能具備完全的確定性。有時候案件的事實模糊不清，難以查明。與此同時，法律本身也難以確定——特別是對於不是律師的人來說，他們將會面對汗牛充棟的法規、法庭的判決、實施細則等等。因為互聯網的存在，尋找法律的任務變得略微輕鬆了一些，但是面對着法律淵源的迅速擴張，這項任務依然

是個艱難的挑戰。「疑難案件導致惡法」這一格言說明了一項重要原則：法律具有確定性，要比扭曲法律來適應某個異乎尋常的個案來得更重要。

正義需要的不僅僅是公正的法律，它還要求獲得正義的過程也必須是公正的。因此，這首先需要一個公正而獨立的司法制度(第五章將對此加以討論)；其次，還需要有能力的、獨立的法律職業人士(第五章同樣將對此加以討論)；第三，程序正義是公正的法律制度必不可少的因素。這些必備因素和其他因素一起，保障我們能夠獲得法律意見、法律援助與代理，以及公正審判(第四章將對此加以討論)。

在公正的或者比較公正的社會裏，一般來說，法官在推進正義事業的道路上幾乎不會面臨障礙。很少需要英雄主義。然而，當不公在整個法律制度中蔓延的時候，法官的工作會棘手得多。在納粹德國或者種族隔離的南非這樣的社會裏，一位高貴的、有道德的、公正的人，要怎麼樣才能兼顧他的良心和職業呢？在不公的社會裏，普通人也可能會遭遇這種道德困境。法官屬於公務人員這一事實，會把他和其他參與這個法律制度的人或者只是從不公正中攫取利益的人區分開來嗎？將法官和其他人，特別是律師，作道德上的區分，是否有着充分的理由？可敬的法官只會努力在他力所能及的範圍內施行正義，並承認在某些主要的法律領域內，他的權力是受到限制的。但是一

位盡職的、有良心的律師是否也和法官在同一條船上？他也同樣努力去做好事，但在這個法律制度的苛刻限制下，他個人將會付出巨大的代價。他也同樣為這一法律制度提供合法性依據。他的道德困境和法官的道德困境難道不是一樣的嗎？

對於這類困境，我們並沒有簡單的標準答案。從制度上說，法官與律師並不相同：他們是通過任命或者選舉產生的、負責法律實施的官員。他們的法定義務很清晰。但是律師不是國家的官員。他們對客戶負有巨大的責任。當然，他們必須在這個法律制度內工作，但是他們的職責是運用法律，而非廣施正義。他們可能認為某項法律在道德上令人厭惡，但是在不公的法律體系內，相比法官來說，他們更容易為自身扮演的角色正名。也正因為如此，舉例來說，在實行種族隔離制度的南非，律師們認識到了他們與法官在作用上的區別，因此多名聲譽卓著的資深律師宣稱，本着良心，他們會拒絕出任法官職位。但是他們仍然可以繼續做律師。儘管從這個制度中退出的誘惑非常強烈，但是在為正義努力奮鬥的途中，許多律師仍然展示出了巨大的勇氣，有時候他們甚至成為了英雄。

不管怎樣，律師個人可以認定，自己在法律制度中的作用是不是為了鞏固這一制度的合法性。這是一種在道德上完全正確的回應。但是這並不意味着國家官員也面臨着相同的道德困境，因為法官與律師在功

能上存在重大的區別。具體來說，與法官不同的是，律師所關心的遠不止是法庭程序。事實上，律師做出的某些最有價值的工作，就是針對客戶的權益向其提供建議，而不論客戶是否打算或期望提起訴訟。出庭會被視為對現行法律制度合法性的明確接受，但為客戶提供建議就不一定是這樣了。

法律制定最基本的規則。謀殺是不對的，盜竊也不對。法治最明顯的實例，就是對各種形式的反社會行為進行規制的法律規則。現代政府致力於以強制措施之外的方式來說服我們循規蹈矩。胡蘿蔔每每取代了大棒。政府會用宣傳活動、官方網站以及其他形式的公共關係活動來勸導我們做某件事，或者不要做某件事。但是法律規定了人們的行為標準，因此仍然是國家手中最有力的工具。

而且，法律建立了一個框架，用以解決所有難以避免的糾紛。法院是解決衝突的主要場所。幾乎所有的法律制度都包括法院或者類似法院的機構，它有權力對糾紛作出公正的裁決，並且依據公認的程序來依法作出權威性的判決。

法律促進，甚至經常鼓勵特定的社會和經濟關係。法律規定了很多規則，讓各方得以締結婚姻關係、勞動合同或者買賣合同。公司法、繼承法、物權法等等，都為我們提供了有用的工具，我們可以借助它們從事構成社會生活的無數活動。

法律的另一項功能是保護財產。規則確認「誰」擁有「什麼」，從而決定了誰對物品擁有最堅實的權利或請求權。因此，法律不僅保障了個人的獨立，而且還鼓勵人們更高產、更富有創造性(催生新的思想，它們可能會轉化為受到專利權和著作權保護的知識產權)。

法律同樣追求保護社會公眾的普遍安全。法律對超出市民或私營企業能力的公共服務(比如國防或國家安全)進行監督或協調，個人不再被迫為自己的安危操心了。

近年來，法律另一方面的功能起到了重要的作用，那就是保護個人權利。比如許多國家的法律囊括了權利法案，以此作為保護一系列個人基本權利免遭侵犯的手段。有時候，權利法案以憲法的形式確立。憲法確立是保護人權法案的手段，使它不會輕易受到立法修正的影響[6]。在其他法域中，由普通的、像其他任何法律一樣可以廢止的法規所保障的權利就不那麼安全。幾乎每個西方國家(澳大利亞是明顯的例外)都以憲法或者立法形式確立了權利法案。

法律的淵源

法律並不是從天而降的神賜之物。它起源於諸多得到認可的「淵源」。由此得到反映的觀念是：如果

6　憲法作為根本法，與非根本法的其他部門法相比，修正程序較為複雜。

缺少權威的淵源，某項號稱是法律的規則，其實並不能被認可為法律。因此，律師們經常提及「權威依據」。法官可能會這樣詢問律師：「你的主張有什麼權威依據？」為回答這一問題，普通法系的律師很可能會引用在先的判例，或是一項法令；而大陸法系的律師則會向法庭引證某一條款，比如民法典中的條文。不管哪種情況，公認的法律淵源都會對法律論證的形成起到決定性的作用。

除了上述兩種傳統的法律淵源之外，法學著作被視為權威法律淵源的情況同樣屢見不鮮。同時，還有其他一些法律淵源，比如常識和道德準則等。這些法律淵源嚴格來說並不是法律，這一點可能令人難以置信。

立法

當代法律體系中，典型的法律淵源是由立法機構頒佈的法律。它旨在引進新的規則，或者修改原有的規則——通常打着改革、發展或者聲稱要改善生活的旗號。然而，立法的起源卻較為晚近。20世紀見證了立法者立法能量的爆發，他們的當選常常歸功於充滿承諾的宣言，宣言假定存在着一條永不休止的立法流水線。在大多數發達社會裏，幾乎不太容易想出來，生活中還有什麼領域沒有被立法者致力於管理我們何事可為、何事不可為的獻身精神所觸及。

然而法律並不是什麼靈丹妙藥。事實上，法律起

到的效果與起草者的立法目的往往背道而馳。而且，我們的立法措辭也很少能夠精確明白到無須再加解釋。法律用語極少是定論性的，很容易對它們作出不同的解釋——特別是在律師介入的情況下。不可避免地，解釋法律的含義成為了法官的責任。當他們解釋法律的時候，他們通常會創造先例；先例為法院的審理提供了指導，但是法院將來很可能會面臨立法機關的解釋。

因此，人們發展了一系列的技術性「規則」，來幫助法官解讀立法者的意圖。這裏有一個經典的例子能夠展示對立法者的意圖進行解釋的不同方法：假定有一部禁止「車輛」進入公園的法律。汽車自然屬於「車輛」之列，那麼自行車呢？滑板呢？第一種解釋方法是「字面解釋」，或者叫「文本解釋」，即對法律用語進行通常的、字面意義上的解釋。在這種解釋下，「車輛」的外延不會擴展到小轎車、卡車或者公共汽車之外。根據通常理解，自行車和滑板並不屬於車輛。但是，值得注意的是，這種單純的文義解釋可能會導致荒謬的結論，即使是它的支持者也承認，這種方法會產生麻煩，而且我們不能用明顯不合邏輯的方法去解釋存在爭議的單詞和短語。

第二種方法是努力探求立法的目的。在我們剛剛舉的例子裏，我們可以認為該條規定的目的是為了保障公園的寧靜祥和。如果是這樣的話，我們可能會更

容易判斷立法的真正意圖是什麼，並據此來將汽車(噪音)和自行車(安靜)區別對待。這一方法還會讓法官考慮整個法律體系的綜合目的。當採用上述狹義或者廣義的目的解釋方法得到的解釋和語句的字面含義不一樣時，目的解釋方法會傾向於採取靈活一些的解釋，而不是單純的字面解釋。

目的解釋是在不少法域中佔據主導地位的方法。美國法院經常細究法律的立法歷史，以解決法律的模糊性，或者確定其清晰的含義。在加拿大和澳大利亞也有着相似的做法。在歐洲，1972年的《歐洲共同體法》規定，在解釋執行歐洲共同體(EC)法律的立法[7]時，法院應當採取目的解釋的方法。事實上，歐洲共同體法律是根據大陸法系的立法模式起草的(措辭比普通法系國家的法律更為簡練，但抽象程度更高)，目的解釋就成了必不可少的方法，而且法院會經常考慮到廣泛的社會目的與經濟目的。歐洲法院[8]也同樣傾向於使用目的解釋的方法。

我認為，公正地說，任何一種方法都不能單獨開

7　某些歐洲共同體(現在為歐盟)成員國的法律傳統決定了它們不能直接適用歐洲共同體法律，而必須通過國內立法將歐洲共同體法律轉化成內國法，才能執行和適用。英國即是其中之一。因此才有「執行歐洲共同體法律的立法」一説。

8　於1952年成立，位於盧森堡，是處理有關歐盟法(歐共體法)爭議的最高法院。它有權管轄對其成員國提起的、訴稱其未履行歐盟條約項下義務的案件。

啟通向完美法律解釋的大門。事實上，這些解釋規則到底是不是得到了一致適用，或者能不能得到一致適用，還存在大量疑問。著名的法律解釋學者魯伯特‧克勞斯教授(爵士Sir Rupert Cross)向我們講述了他在牛津大學的學生表達出的疑惑：

> 每一個學生都告訴我有三種方法——文義解釋原則、黃金原則和除弊原則；法院若適用其中任何一種，我們都可以相信它在個案中秉持了正義。我對此一直有着疑惑，但最令我不安的是，我每次向學生或者考生提出這個問題，答案一直都是一樣的。甚至當問題是「『議會的意圖』是什麼意思？」或者「法律解釋的主要外部輔助手段是什麼？」的時候，我得到的答案依然是「有三種解釋原則——文義解釋原則……」

而且也有人憤世嫉俗地認為，這些規則只不過是將來自完全不同基礎的解決辦法加以合理化罷了。

立法過程中另一個固有的困難是，我們不能期望立法者預見未來。當新情況發生時，為達到某項特定目的而設計的立法可能就不管用了。當創新型技術使法律變得更加複雜時，情況尤其如此。例如，因為數碼技術和互聯網的興起，版權立法和色情作品立法正面臨着尷尬的挑戰，我們將在第六章中討論這一問題。

普通法法律解釋原則

文義解釋原則

如果某部法律的用語清晰，只有一種含義，那麼必須認為該立法的真實含義和目的，就是它所清晰表達的含義；以清楚明白的詞句頒佈的法律必須得到執行，無論這會引起何等荒謬的、有害的結果。

Lord Atkinson in *Vacher v London Society of Compositors* [1913] A.C. 107, 1211

黃金原則(目的原則)

黃金原則……是指我們(在解釋法律時)需要將整部法律進行通盤考慮，並對其進行整體解釋，賦予其中的文字以通常的含義；除非此舉將會導致不一致的、荒謬的、不便的結果，其嚴重程度足以讓法院認為立法並非旨在通常意義上使用這些詞語，也足以讓法院有充分理由賦予這些詞語其他意義。儘管與通常意義相比，這些意義不那麼正確，但它們是法院認定的、這些詞語所應當承載的含義。

Lord Blackburn in *River Wear Commissioners v Adamson* (1877) 2 App Cas 743, 764–5

除弊原則(海頓案原則)

在適用除弊原則時，法院必須問四個問題：(1)在該部法律頒佈之前的普通法是什麼樣的？(2)之前的普通法沒有規定的缺陷或弊害是什麼？(3)該部法律意圖提供的補救是什麼？(4)提供上述補救的真正原因是什麼？

Heydon's Case (1584) 3 Co Rep 7a, 7b

普通法

人們通常會把「普通法」這一術語與英國普通法聯繫在一起。但是如果我們討論的是法律意義上的、主要以立法形式表現出來的普通法，而非局限於某個具體法域之內的普通法，那麼它們就不是英格蘭或者英語系前殖民地國家的專利。普通法的存在形式多種多樣，而且在不少歐洲法律體系中均有留存，包括法國、意大利、德國和西班牙。它們均源自羅馬，為歐洲各地自發接受而非強制施行，並由此獲得了共性。但在英格蘭，由法官推動的普通法傾向於使用司法和救濟術語。儘管歐洲(法國、德國)的普通法似乎已經被內國法所吸收，但是它們並沒有死去。儘管法典化和遵循先例原則的時代已經到來，這些非英語系國家的普通法雖然已經飽受打擊、傷痕纍纍，但是依然適用，而且它們還在多個法律制度的血管內不知疲倦地循環着。

對於施行普通法的英格蘭，以及多個引進普通法的國家而言，法院的在先判決(司法先例)是法律的基本淵源。遵循先例原則規定，法院在先前的案件中採用的說理方式，對於後來審理類似案件的法院通常具有約束力。這一理念建立在「遵循先例」(*stare decisis*)的基礎上。它的目的當然是為了提高法律的穩定性和可預測性，並保證相似的案件盡可能得到相似的判決。

每一個普通法法域都有它獨特的法院等級制度，

遵循先例原則要求法院遵循在等級序列中高於它的法院的判決。由此，低級別的法院只需要在作出判決時遵循上一級法院的說理方式——所謂的判決理由(ratio decidendi)。法官們作出的其他任何表述則沒有約束力：它們只是「附論」的附帶意見(obiter dicta)。比如，法官可以對某一案件發表與其事實毫不相干的意見，也可以就該案件發生的社會背景武斷地發表意見。對後來的法官而言，上述言論除了有建議和參考價值之外，不具備其他效力。

找出一樁案件的判決理由往往是一場披荊斬棘的艱難旅行。判決可能會冗長而費解。當法庭由數位法官組成時，每一位法官都可能引證不同的理由來得出相同的結論。儘管法官和學者們已經提供了各種各樣的路線圖，但是這條路並不容易。沒有一個簡單的公式可以直接揭示判決中有約束力的部分，就像生活中的許多事一樣，這需要練習和經驗。

在先的判決(經常是古老的判決)應當決定當代案件的結果，這一理念不時遭到嘲諷。最有名的嘲諷來自傑里米·邊沁，他曾嘲笑遵循先例原則是「狗的法則」。

當你的狗做了任何你不希望它做的事的時候，你就等到它做完，然後再因為這件事而打它。這就是你為你的狗制定法律的方法，這也是法官們為

你我制定法律的方法。先例越是古老——這意味着它是由更加野蠻的、不成熟的、受偏見誤導的人類所確立的——它所對應的過去的情況……與現在的情況就越不可能相同。

人們經常認為,大陸法系中並沒有與遵循先例原則相對應的做法,也就是説,大陸法系的法官並不需要遵守級別較高的法院的判決。但是這種認識是錯誤的。在實踐中,和普通法系上訴法院的判決一樣,法國最高法院或者德國聯邦最高法院作出的判決都會被低級別的法院所遵循。

其他淵源

在一個完美的世界裏,法律將會是清晰的、確定的和易於理解的。但現實和這種烏托邦式的幻想尚有距離。所有法域內的法律都是動態的有機體,受制於不斷變遷的社會、政治和道德價值觀。我們已經提及了極具影響力的基礎道德觀念之一:自然法。這一古代哲學仍然塑造着羅馬天主教會的教義。正如我們所知,這一理念從以下假設出發:在自然世界中存在着一些原則,我們作為理性的生物,有能力通過推理發現這些原則。比如,墮胎是不道德的,因為這種行為侵犯了自然法對生命的尊重。

儘管在諷刺漫畫裏,法律、律師和法院存在於一

個人為製造出來的、密不透氣的氣泡之中，但是在現實生活中，法官確實接觸現實世界並考慮公眾意見。事實上，有時候法院的回應太過迅速熱情，顯得頗不得體。比如當媒體哀嘆在某個案件裏或者牽涉到某個惡名昭著的罪行時，法官顯得過於仁慈的時候，法官可能會輕率地(有沒有人敢說是不明智地？)加以回應，運動一下他們的判刑肌，明顯是為了安撫他們感受到的公眾輿論。

法院也許更為謹慎地、越來越多地引用學界人士在教科書和學術雜誌上表達的觀點，這一點也為學院派律師喜聞樂見。被判決書引用是一種承認，這不僅意味着他們的著作有人閱讀，更重要的是，它們確實有點份量。

如果某一法律觀點缺少直接的權威依據，法院甚至可以允許律師引用「常識」來支持他們的論點。這些「常識」包括為大眾普遍接受的是非觀念、社會實踐的總結、公平、法律的理念，以及其他的普遍觀念。憤世嫉俗的人也許會認為它們和法律程序格格不入。

法律的部門

　　法律豐富的分支永遠在繁殖增長。當社會生活在不斷變化的時候，法律很少會落後一大截——法律會發明和規定新的概念和規則，並解決不可避免會發生的糾紛。因此，我們勇敢的法律新世界在不斷地開疆闢土：空間法、體育法、性法。但是，作為絕大多數法律體系核心的基本部門法，可以回溯到法律的根基：合同法、侵權法、刑法和物權法。這個原子核的周圍必須圍繞着一系列部門法，包括憲法和行政法、家庭法、國際公法和國際私法、環境法、公司法、商法、證據法、繼承法、保險法、勞動法、知識產權法、稅法、證券法、銀行法、海商法、福利法、人權法等等。為了便於刑事審判、民事審判以及其他實務的操作(比如轉讓土地、起草遺囑)，人們發展了複雜的程序規則，由此產生了新的次級部門法。

公法與私法

　　公法與私法之間的界限非常重要，對於歐洲的大陸法系國家以及它們的前殖民地來説尤為如此。儘管

對於怎麼劃分以及從何處劃分這一界限並沒有達成共識，但是一般而言，公法管轄的是公民與國家之間的關係，而私法則關注社會中的個人或者群體之間的關係。因此，憲法和行政法是典型的公法，而合同法是私法的眾多部門之一。刑法因為主要涉及國家對於罪犯的指控，也同樣處於公法的保護傘下(這三個部門法在下文中均會述及)。然而，當國家越來越多地侵入我們的生活時，公法與私法之間的界限也會更加模糊。

合同

協議是社會生活必不可少的元素。當你同意和我一起喝一杯，向我借本書，或者讓我搭車上班時，我們就已經締結了一份協議。但是法律不會強制你出現在酒吧裏，不會強制你還書給我，或者強制你讓我搭車。違反這些社交安排也許會帶來相當的不便、煩惱，甚至開銷，但是絕大多數法律制度都能夠理解這種違約。

自由社會的基本特徵之一是它給予成員自治的權力，只要他們不傷害別人，他們就可以通過自由選擇達成交易。合同自由也可以通過功利主義的立場來捍衛：通過執行遵循市場定價機制的合同，資源——貨物與服務——可以被出價最高的人買走。有觀點認為，這會讓稀缺的資源得到平均分配。

自由市場的擁護者認為，個人是他自身福祉的最

佳判斷者。在19世紀(特別是在英格蘭)，在追求工商業界的首要價值的過程中，合同法因為能促進交易關係最優化，已經發展到了相當複雜的程度(有人認為已經到了神秘化的地步)。當然，沒有合同法規制的商業是無法想像的，但是在任何社會裏，合同雙方在討價還價能力上的不平等都難以避免。理論上說，在我和電力公司訂立的家用供電合同中，合同雙方都處於平等的基礎上。但是事情並不是這麼簡單。我幾乎不可能對合同條款討價還價，那是一份冷酷無情的格式合同。這是一場力量懸殊的對抗。因此，法律通過消費者權益立法和其他機構設置對這種「不公平條款」進行了調節，試圖重新平衡雙方的利益。比如法院有權依法拒絕承認不合理的條款，並且只執行那些「合理的」條款。

為了締結一份有約束力的合同，法律通常會要求協議雙方確實具有創設法律關係的意圖。違反承諾幾乎一直被認為是不道德的，但是只有在滿足特定條件的時候，它才會產生法律上的後果；儘管在某些大陸法系國家(比如法國、德國和荷蘭)，個人可能會因為不誠信的協商而承擔法律責任，即使這時候對方還沒有接受他的要約。

理論上，普通法將協議分成兩部分：一是一方發出的要約，二是另一方對該要約的承諾。要約人通過發出要約表明——以語句、言辭、傳真、電子郵件，

或者甚至作出行為等形式——要約一旦被要約的受送達人(受要約人)所接受，要約人就隨時準備受合同約束。舉例來說，亞當廣而告之，要以1000美元出售他的車，夏娃則出價600美元。亞當回覆她，他可以接受700美元的報價。這是個反要約，夏娃完全有接受或者拒絕的自由。如果她接受了，協議就會達成；如果同時滿足了其他的法定要求，這就是個有約束力的合同。這一分析有助於判斷協議是否確實成立，但這種分析方法相當機械，經常很難據此判斷到底誰是要約人，誰是受要約人。實踐中，最終的協議也許要經歷冗長的磋商，而且涉及雙方之間無數的提議與反提議。僅僅將這一過程描述為要約和承諾，則不現實了。

數百個案例都在和不能完美地符合要約和承諾模式的事實情況作鬥爭。還有一個不斷產生的難題是，要約人要在多大程度上受到要約的約束。普通法規定，在你對我的要約作出承諾之前，我都有撤銷它的自由。而德國、瑞士、希臘、奧地利和葡萄牙的法律則有相反的規定。它們規定，我必須受到自己發出的要約的約束，不能不受懲罰地撤銷它。它們聲稱撤銷要約沒有任何法律效力。法國和意大利的法律採取了一條中間路線。意大利民法典規定，在特定的承諾期限屆滿之前，要約人不能撤銷要約。如果要約中沒有規定承諾期限，那麼在受要約人作出承諾之前，要約可以撤銷。但是如果受要約人出於誠信已經信賴了該

要約，那麼他可以要求要約人賠償自己因為進行交易準備而受到的損失。

普通法不僅要求嚴肅的、願意接受法律約束的意圖，而且還要求「對價」，這一概念在大陸法系中是沒有的。對價是協議的利益因素：各方都希望從中得到些什麼，否則他們就不會締結協議了。這些因素在1892年的卡利爾訴卡布利克鼻煙球公司（*Carlill v Carbolic Smoke Ball Company*）一案中得到了闡述。卡布利克鼻煙球公司為它的產品做了廣告——該公司聲稱其生產的鼻煙球可以防止使用者感染流感。該公司承諾，如果有人在使用過後得了流感，那麼它會向這個人支付100英鎊。廣告中有以下陳述：

> 如有任何人士遵守鼻煙球所附說明書之指示，每日三次，連續兩周使用鼻煙球之後，仍然感染現今愈演愈烈之流感、傷風或由傷風招致之疾病，卡布利克鼻煙球公司將向該名人士支付100英鎊。1000英鎊業已存入攝政街安聯銀行，以表誠意。

卡利爾夫人出於對該許諾的信賴，購買了一個鼻煙球，並根據說明書的指示加以使用。但是她仍然得了流感。卡布利克公司宣稱，在它和卡利爾夫人之間並不存在可強制執行的合同——她並沒有通知公司她對這一要約作出了承諾。該公司還認為，這裏也不存在

任何對價，因為公司在售出鼻煙球之後，也不會從購買者的使用中再獲得任何利益。這兩個抗辯都被法院駁回了。法院認為，在卡布利克公司和任何見到該廣告並據以行動的人之間，廣告構成了一項單務合同的要約(通常情況下，合同是雙務的，涉及在雙方之間交換承諾)。在這個案件裏，卡利爾夫人滿足了這些條件，所以她有權要求強制執行這個合同。告知卡布利克公司她已經使用了這個鼻煙球構成了承諾的一部分；而且，卡布利克公司在銀行中存了1000英鎊「以表誠意」，這也表明該公司明確地作出了一個嚴肅的要約。關於對價，法院認為，相對於公司答應給她100英鎊的承諾，卡利爾夫人的行為已經構成了對價。

舉例來說，我同意把我的車賣給你；我有權獲得購車的款項，而你則獲得車輛的所有權。如果我無視與你締結的協議，而將車賣給別人，你就可以依法獲得救濟——因為你依賴於我遵守約定。這就是大家所知道的違約，下文中將會對此加以討論。

在對待合同的基本方法上，毫無疑問，兩大主要法系之間存在着分歧。普通法系通常被視為是實用主義的、商業性的；而大陸法系則更注重道德因素。但是，我們依然可以看到，兩大法系都或多或少地接受了某些基本原則。

社交約定經常是不具備約束力的。正如上文所描述的那樣，我們「一起喝一杯」的約定，不具備必不

可少的、準備受法律約束的意圖。對於去那家「你答應會在那裏等我」的酒吧而發生的交通費用，法院是不會支持的。普通法同時規定，正如我們所知，為了回報一項承諾，被承諾人同樣必須付出「對價」。但是，這有可能導致荒謬的或者不公正的結果。比如，在一個著名的英國案例中，兩名水手突然跳槽了。船長沒有辦法找到替代他們的人，因此，他許諾給其餘水手們更多的錢，但是他食言了。水手們要求獲得額外薪水的訴請以失敗而告終，因為他們的合同早就約定他們要在船上承擔額外的工作。就船長加薪的承諾來說，他們沒有支付新的對價來作為回報。但是，法院開始發明各種各樣的技術手段來避免這樣的不公，尤其是美國法院。

合同的締約方還必須有能力來簽署合同。儘管細節有所區別，但是所有的法律制度都對其成員締結合同關係的能力程度作出了控制；特別的是，年輕人(未成年人)或者那些因為精神問題或者其他原因而導致心智受損的人，通常會被認為沒有能力締結合同。

與流行的說法相反，合同並不都需要以書面形式訂立。除了某些特定的合同(土地買賣是最明顯的例子)之外，合同並不需要特定的形式來約束它的當事人。口頭合同和書面合同一樣具有約束力，只不過正如我們所知，普通法要求有證據證明用以回報承諾的對價。但是，以保護消費者為名義的、日益滋長的政府

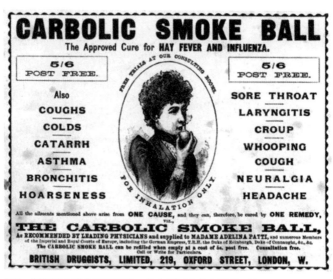

圖5　儘管該公司作出了承諾，但卡利爾夫人在購買了該公司生產的鼻煙球並根據説明書加以使用之後，仍然得了流感。這個19世紀的傳奇性的英國案例確立了形成有效合同的基本條件。

家長作風使得正式合同的數量有所上升，比如通過立法要求合同應當具備書面形式，或者是更為常見的印刷合同形式。

　　有些「合同」是無效的，因為它們違反了「公共政策」。儘管有着合同自由原則，法律不會支持那些旨在利用法律來獲得不道德的或者不合法的目標的合同。這些合同很可能會被法院認定為無效。但是社會習俗很少一成不變，一個世紀之前人們覺得不道德的事，在當今社會的寬容環境下可能顯得平淡無奇。比

如，德國法院曾經會依慣例認定把房子用作妓院的租賃合同無效。

錯誤、虛假陳述或者脅迫[1]同樣可以導致合同無效。這是因為事實上並不存在真正的合同。在特定情況下，比如在存在錯誤、虛假陳述、脅迫或者不當影響的情形時，法律可以允許我宣佈合同無效。比如，如果我對合同的標的存在錯誤理解(我以為我在買一輛法拉利，而你事實上只是在出售一輛福特)，或者你誤將福特當成了法拉利，或者你逼迫我進行交易，我都能夠以此作為你要求我履行合同義務的抗辯。如果我能夠證明欺詐性錯誤陳述[2]的存在，那麼合同可能無效。

法院可能會判決賠償因違約造成的損失。如果我沒有履行合同項下的義務，你可以起訴我，要求我賠償損失，或者在某些特定情況下，要求我強制履行合同義務。但是，如果我能夠證明客觀情況已經使得實際履行變得不可能，或者合同目的已經落空，我也許可以免於承擔違約責任。我們假設，我將我的度假別墅租給你一個星期。你來到了別墅門前，但是我拒絕你入內。我顯然違反了我們的合同，而且你希望獲得賠償。但是賠償多少呢？法律應當試圖讓你恢復到合

1　此處術語翻譯係引自《元照英美法詞典》，法律出版社，2003年5月第1版。

2　同上。

同簽訂之前的狀態，還是應當爭取讓你達到合同實際履行後的狀態？或者法律只是要求我返還從你那裏拿走的、旨在確保成功預訂的定金？如果我因為風暴讓供電變得不安全而拒絕你進入度假別墅呢？如果風暴在一個月前發生，又或者僅僅在一天前發生，這兩者會有區別嗎？

在所有的主要法律制度中，這些棘手的問題都引發了大量錯綜複雜的司法分析。解決方法有所區別，有時甚至存在重大區別；但是典型的是，如果一方的違約完全超出了他能夠控制的範圍——自然災害是最好的例子——那麼他可以免於履行合同義務。

侵權

侵權行為(或者大陸法系所稱的delicts)，是民法上的不當行為，它們包括對我的人身、財產、名譽、隱私甚至我內心的寧靜造成的損害。就像合同法一樣，侵權法規定，受害人(或者原告)享有就其遭受的損失獲得賠償的權利。但與合同法不同的是，合同法的主要目標在於有諾必守，而侵權法保護的利益則更加廣泛。對基於故意或者過失而造成損害的行為，法律規定了先發性和賠償性的救濟方式；而對基於過失而造成損害的行為進行規制，則成為了現代侵權法的首要焦點。意外可能會發生，但是如果它是由你的過失所導致的後果，那麼我有可能獲得賠償，以彌補我的損

失。所以，如果你的車撞了我，而且我能夠證明你駕駛時有過失，那麼我就可能獲得相應的賠償，以彌補我的醫療費用、誤工損失，以及因為疼痛和折磨所受到的精神損害。

為了勝訴，原告通常需要證明這一不當行為是出於故意或者過失。絕大多數侵權行為只有在它們造成了實際傷害或損害時，才是可訴的；但是也有一些特定的侵權行為(比如侵害之訴)，法律對它們進行規制的主要目的是為了保護權利，而不是賠償損失。這些侵權行為即使沒有實際損害證據，也是可訴的。被告(在普通法系中又稱為侵權行為人)通常是負主要責任的人，但是根據替代責任規則，一個人(比如僱主)可能會對另外一個人(比如僱員)實施的侵權行為承擔責任。

有時候，侵權行為會與違約行為重合。比如，一位粗心大意的公共汽車司機給他的乘客造成了損害，這位司機就是同時實施了過失侵權行為和違約行為(違反了將乘客安全送達目的地的合同)。乘客可以以侵權和/或違約主張損害賠償。公共汽車司機還可能實施了犯罪行為(比如危險駕駛)。

對於財產權和人身安全的保護是較為直接的，但是當需要賠償的受害者遭受的並非實際損害，而是純粹經濟損害或者精神損害時，很多法域的法院都會遇到困難。我們假設，正如在某個已經發生的英國案件

中那樣，被告在原告工廠附近進行建築工作時出於過失損壞了電纜；結果是原告的生產遭受了嚴重的破壞，原告蒙受了經濟損失。實際損害(對材料的損壞)可以很明確地得到補償，但是因為電纜並非原告的財產，所以原告的損害是「純粹經濟損害」。他能夠要求賠償嗎？在經歷了英國法院製造的一系列波折之後，普通法的回答是「不能」[3]。法院似乎是害怕，如果允許上述賠償，那麼訴訟將會像洪水一樣湧入法院；尤其是在英國，法官們常常對此表示擔憂。在法國，情況則恰恰相反，在實際損害和經濟損害之間並沒有明顯的界限。

對於處理精神痛苦的問題，司法存在着類似的憂慮。當傷害包括人身損害及因此造成的精神疾病時，法院在原告與受害人之間尋求着一定程度的「接近性」。這種計算的複雜程度，在1992年上議院的一項判決中有着悲劇性的闡明。某座體育場的坍塌導致了95名球迷的死亡和400餘人受傷，警察承認他們有過

3　這一案例是*Spartan Steel & Alloys Ltd. v. Martin & Co Ltd.*, [1973] 1 QB 27, [1972] All ER 557。在本案中，原告主張被告賠償：(1)電源截斷時已經熔化的鋼材所受的損失；(2)上述受損鋼材所能產生的利潤；(3)電纜截斷期間停工造成的利潤損失。包括丹寧勳爵在內的英國上訴法院法官們判決原告可以獲得訴訟請求(1)和(2)的賠償，但是不能獲得關於請求(3)的賠償。這三個訴訟請求可以說是分別對應了「實際損失」、「直接導致的經濟損失」與「純粹經濟損失」。這一判決確立的基本原則是，只有由有形損失直接導致的經濟損失才可以獲得賠償，而純粹經濟損失不能獲得賠償。

失，他們允許太多觀眾進入已經很擁擠的場地。這場比賽是進行現場直播的，結果這場災難的現場影像也同樣被轉播出去。有些原告看到了這些令人不安的影像，他們知道他們的親友在體育館現場觀賽。兩名原告是現場觀眾，但是他們不在災難發生的看台上，其他的原告是從電視或者廣播直播中知道這場災難的。所有的原告在這場災難中都失去了或者害怕將會失去一名親戚或朋友。他們沒有獲得精神損害賠償，因為他們沒有能夠滿足法律規定的一個或多個控制機制；它們正是適用於那些沒有直接受到事故影響，僅僅是通過所見所聞知曉事故，但卻要求獲得精神損害賠償的原告。這些限制因素是：

1. 原告與受害人之間必須具有愛意與感情的緊密聯繫。2. 原告必須在事故現場，或者是事故直接後果的現場。3. 精神損害必須出於對事故或者事故直接後果的直接感知，而不是從其他人那裏聽說該事故。

這種「接近性」就像其他標準一樣，一直飽受批評；在某些法域中，它還激起了要求對法律進行改革的呼聲。而且，如果傷害並不足以被確認為精神疾病，但卻飽含因失去所愛之人或者因所愛之人受到傷害而產生的悲痛與痛苦，問題也會產生。

侵權法不僅旨在賠償受害者，它的目的還在於阻卻人們從事那些可能會傷害別人的行為。而且，它還旨在「轉移」或者「分配」過失侵權中產生的損失。簡單來說，如果你的過錯使我受傷，那麼法律就會將損失轉移給你。我為什麼要承擔你的過失所導致的損失呢？你會立刻看到，這個似乎很簡單的問題背後，隱藏着關於過失的本質屬性的一系列難題：什麼是「過錯」？什麼構成了「原因」？如此等等。在當今這個被保險統治着的世界裏，這個問題逐漸由譴責變成了責任承擔；從「是誰的過錯」變成了「誰承擔費用最合適」。而這一問題的答案經常是「保險公司」，保險公司要受到強制責任保險政策的約束。

　　普通法的侵權體系由豐富的錯誤行為所組成，包括侵入他人土地、侵犯他人人身(包括企圖傷害他人與毆打他人)、妨害、誹謗、違反法定義務和嚴格責任。但是就像我們所提及的那樣，在實踐中，建立在過錯歸責原則基礎上的過失侵權，讓這些行為黯然失色。原告必須證明，被告對他負有注意義務，而被告沒有達到「理性人」標準，從而違反了這一義務，並造成了對原告人身或財產的損害。

　　這三個因素中的每一個都需要進行簡明扼要的解釋。「注意義務」在普通法系最著名的司法判決之一中得到了生動的闡釋。在多諾訴史蒂文森(*Donoghue v Stevenson*）這個標誌性案例中，多諾夫人抱怨，她在薑汁啤酒瓶中發現了一隻蝸牛；但是比起這件事來，判決結果要重要得多。該案的事實從來沒有得到準確的查明，但大致案情是：多諾夫人與她的朋友一起去蘇格蘭佩斯利市的咖啡館。她的朋友要了飲料。咖啡館老闆將一個薑汁啤酒瓶中的液體倒進了一個放着冰淇淋的杯子裏。多諾夫人喝了一點上述液體。她的朋友拿起瓶子，將剩餘的薑汁啤酒倒進杯子裏。據稱一隻已經腐爛的蝸牛順着瓶口流進了杯子。多諾夫人此後抱怨說自己胃痛，她的醫生診斷她患上了腸胃炎。多諾夫人同樣訴稱，因為這一事故，她一直飽受痛苦情緒的折磨。當時的侵權法並不允許她起訴咖啡館老闆。但是，上議院判決，對於處於多諾夫人地位的原告，史蒂文森這樣的薑汁啤酒生產者負有注意義務。亞特金法官（Lord Atkin）引用了《聖經》中人有義務愛他的鄰居的訓誡，作出了他著名的論斷：

> 你必須愛你的鄰居這一戒律，在法律中就意味着你不能傷害你的鄰居；而對於律師提出的「誰是我的鄰居？」的問題，答案是有限制的。你必須採取合理的注意，以避免作出那些你能夠預見到的、可能會對你的鄰居造成損害的行為。那麼，在法律上，誰是你的鄰居？這個答案似乎是——我的行為對他們的影響如此直接而密切，以至於

我在腦海中思考相關的作為或者不作為時，應當合理地考慮我的行為對於他們的影響。

換言之，對於那些你能夠預見到可能因你的行為而受到損害的人，你負有一定的義務。

因此，這一注意標準是客觀標準：評判標準是「理性人」（the reasonable man）。例如，一個英國法庭認為，學員司機注意義務的標準，應當和其他任何一位機動車輛駕駛者相同。最後，被告必須實際導致了原告的損失。長期以來，因果關係問題讓許多普通法系法官大費腦筋；在法院認定什麼才是公平的或者什麼才是符合社會最佳利益的時候，「損害的間接程度」、「近因」[4] 等概念，經常使得法院最終作出的政策性判決令人費解。

理性人——一名假定存在的人，以他作為衡量被告行為的標準——經常被描述為「克拉珀姆公共汽車上的人」（the man on the Clapham omnibus），但是在一次考試中，我的一名學生更樂意使用「快散架的公共汽車上的人」（the man on the clapped-out omnibus）這一說法。

4　指傷害、損害是某項作為或不作為的直接結果或合理結果，即如果沒有該原因，則結果不會產生。近因不一定與結果在時間上或空間上最為接近，而是與造成的結果最為接近。詳見《元照英美法詞典》的 proximate damages 詞條。

在同樣傳奇的美國麥克弗森訴別克汽車公司（*MacPherson v Buick Motor Co.*）一案中，卡多佐法官判決，在生產商出於過失生產了有缺陷的車輛，而且從經銷商手中購買車輛的人因此而受到傷害時，儘管在生產商與購車人之間並沒有直接的合同關係，生產商仍應對購車人承擔責任。

過失侵權之訴的原告應當證明，被告的行為確實給他的人身或財產造成了損害。但經常發生的情況是，原因與結果之間的關係太遙遠了。這一問題極其複雜，並催生了龐大的案例法體系——在英格蘭尤其如此。要讓被告承擔責任，被告是否必須合理預見因其過失而導致的損害的準確類型？這個問題的答案並不一直清楚明瞭。被告是否要對更為廣泛的或者以不尋常的方式發生的損失承擔責任，這一點也並不確定。整體來說，法院會基於政策層面來處理這種棘手的案件[5]。

5　此處的「政策」，以及上文中的一系列「政策」，應理解為羅納德．

倫納德・漢德法官的過失公式

1947年，美國上訴法院的倫納德・漢德法官用以下代數公式，闡明了他對於「為了避免事故，被告必須要做到什麼程度」這一問題的解決方法。

$$B < p \times L$$

B＝出於避免事故的需要而作出預防措施所帶來的負擔。

p＝在不採取預防措施的情況下，該事故發生的概率。

L＝如果事故發生，造成的損害後果的嚴重程度。

當行為人的負擔(B)小於傷害的概率(p)與損害的程度(L)的乘積時，行為人就存在過失。換言之，如果預防措施的成本小於事故的成本，那麼被告就有過失。

　　針對原告提出的、被告基於過失給原告造成損失的訴請，被告也可以提出一系列抗辯理由，包括原告自願接受風險，比如原告自願搭乘嚴重醉酒的司機的順風車。被告也可能會抗辯，原告的過失也是他受到損害的原因，因為他沒有注意到司機已經醉得很厲害了。

　　有些情況下，被告不管有無過錯，都需要承擔責任。這就是大家所知道的「嚴格責任」。對公共健康或公共安全的保護阻礙了過錯原則的適用，尤其是在

德沃金所提出的「政策」，其含義詳見第四章中的「司法職能是什麼？」一節。它與中文語境下通常理解的「政策」在內涵上存在一定區別，望讀者慎加判別。

被告從事有固有危險的行為的時候(比如使用爆炸物)。對於從事具有潛在危險行為的大公司來說,責任經常被視為它們獲得巨額利潤的代價。

　　法國民法典在這方面是非常徹底的。它對於所有「處於某人控制下」的事物都施以嚴格責任。這種「事物」包括任何實在的物體,它可能是由氣體、液體、電纜或者放射性物質構成的。機動車輛也是事物。意大利的法律讓車輛駕駛員承擔嚴格責任,除非他已經盡己所能來阻止事故發生。德國的法律也對造成人身或財產損害的車輛駕駛員施以嚴格責任,同樣的還有鐵路公司、煤氣公司和電力公司。

　　益格魯—美利堅法律認為,嚴格責任這一概念與自身並不契合,但是根據「瑞蘭德訴弗萊徹案的規則」('rule in Rylands v Fletcher'),如果危險源「逃脫」並造成了損害的話,那麼將危險源帶到其土地上的被告必須承擔嚴格責任。這一規則在其他危險領域中也得到了應用,比如火、煤氣、水、化學物品、煙霧、電和爆炸物。嚴格責任也可以適用於動物致損的情況。僱主也可能對僱員在行使職務的過程中造成的損害承擔嚴格責任(「替代責任」)。

　　證明生產商存在過失是很困難的,這就導致了「產品責任」這一嚴格責任形式的興起,尤其是在美國。消費者很少有能力去檢查他買的車是否毫無瑕疵。因此法律規定,如果被告將產品投入流通領域

時，產品具有瑕疵，則原告無須證明被告具有過失。

美國另一主要的新近發展是所謂「大規模侵權訴訟」的出現。這些訴訟由人數眾多的原告發動(共同訴訟)，並且只與一個產品相聯繫。這些訴訟包括因吸煙導致肺癌而對煙草公司提起的產品責任訴訟、因乳房填充手術而導致人身傷害的產品責任訴訟，以及大規模的「人為」災難，比如飛機失事或者化工廠爆炸等。

過錯原則帶來的費用、延宕以及不公平，引起了人們對於侵權法體系中對事故受害者進行賠償這一方面的強烈不滿。這一不滿廣為流行，無處不在；過錯原則的堅定捍衛者數量急劇減少，而他們延續過錯原則的努力，也往往因為這種不滿而面臨著冷嘲熱諷。人們諷刺稱，律師是唯一從這個體系中獲利的群體。有些法域(尤其是新西蘭和魁北克)引進了複雜的無過錯保險體系，在這一體系下，侵權法中因事故導致人身傷害的部分已經被廢除了。事故的受害者可以通過為這一目的所設立的特別基金得到賠償。批評者們質疑，這一寬宏大量的做法，會對基於過錯原則的體系的震懾效果造成不利影響；但是現在，人們普遍認為，至少在交通事故領域裏，強制保險政策確實為侵權法敲響了喪鐘。

在基於過失而作出的不當行為之外，法律還規定了一系列故意侵權行為。誹謗即是其中的一種民事不

當行為。普通法中關於誹謗的(相當技術化的)經典定義為，這一不當行為由以下要件構成：發佈與原告有關的虛假陳述，旨在降低社區中思維正常的成員對原告的普遍評價，或旨在使別人對原告避而不見，或旨在將原告置於憎恨、荒謬、蔑視之中，或旨在使原告在本行業或職業中失去信譽。

這是個客觀標準。事實上，被告是否真的希望損害原告的名譽，並不構成相關的考量因素。被告是否意識到特定環境可能會使論的人都不可能認為它是真的——這些事實都不重要。如果被告明顯無傷大雅的言論變成誹謗，或者是否意識到任何讀到相關言授權或者意在複述誹謗言論，那麼他可能為這種複述承擔法律責任；不過普遍適用的原則是，被告對於未經授權的複述不負法律責任，除非被告發表言論的對象有義務對此加以複述。因此，以書籍為例，在正常情況下，有以下幾種公開言論的情形：作者對出版商，作者、出版商共同對印刷商，作者、出版商、印刷商共同對經銷商等等。每次複述都是一次新的公開，並產生一系列新的行為。但是，法律也在兩類人之間作出了區分：一類僅僅是經銷商，另一類是對作品的產生起着積極作用的人。在互聯網上公開誹謗也可能面臨着類似的問題。

產品責任：「麥當勞咖啡案」

這一判決常受嘲弄，被視為貶損過失原則的典型輕率訴訟。但是事實會展示出另外一面。

一位79歲的老婦人斯黛拉·萊貝克在麥當勞汽車餐館中點了一杯咖啡。她坐在乘客的位置上。她的孫子泊了車，好讓她可以在咖啡裏加點奶油和糖。她將咖啡放在雙膝之間，拉着離她身體較遠的那一邊蓋子來打開它。在這一過程中，她把整杯咖啡都潑在了大腿上，造成了三度燙傷；她需要皮膚移植，並進行為期兩年的後續治療。

她以重大過失為由起訴了麥當勞，訴稱他們出售的咖啡具有「不合理的危險」和「生產缺陷」。她舉證證明，麥當勞要求它的餐館提供82℃-88℃的咖啡(這會在2秒-7秒鐘內導致三度燙傷)，並認為餐館提供的咖啡最高不得超過60℃。她還訴稱，麥當勞的咖啡非常燙，可以在12秒-15秒鐘之內導致需要通過植皮來進行治療的三度燙傷。麥當勞辯稱，它在汽車餐館裏出售非常燙的咖啡，是因為消費者通常會帶着咖啡開車離開，高溫可以確保它一直是熱的。

證據表明，在1982年到1992年之間，麥當勞公司收到了700多起顧客抱怨被熱咖啡燙傷的投訴。為了解決燙傷糾紛，它支出的和解金額已經超過了50萬美元；麥當勞每售出2400萬杯咖啡，就會有一次投訴記錄。

陪審團認定，麥當勞對此事故應當負擔80%的責任，萊貝克夫人應當承擔20%的責任。咖啡杯上印有警告，但是陪審團認為這一警告並不充分。陪審團認定的賠償數額為20萬美元，後來縮減了20%，為16萬美元。此外，陪審團還給了她270萬美元的懲罰性賠償(用於懲罰麥當勞)。之後這一數額被法官減少到了48萬美元。因此，她得到的賠償一

共是64萬美元。雙方都對這一判決結果提起了上訴，但是這一案件最終以和解結案，和解金額並未公開，但低於60萬美元。

對於誹謗之訴有四種抗辯理由。一是以「正當性」(或事實)作為辯護理由。在承認言論自由重要性的基礎上，法律規定，如果被告能夠證明他所公開的言論具備實質上的真實性，那麼對於損害名譽之訴而言，這是一個充分的抗辯理由。第二，如果這些損害名譽的言論是在立法、司法以及其他官方程序中發表的，絕對特權這一抗辯理由也可以保護上述言論。第三，限制性特權[6]也是另一抗辯理由。這是指被告有(法律、社會或者道德上的)義務，必須對某人作出陳述，而此人也具有相應的利益或義務來接受這一陳述。例如出版商和接受所披露信息的一方，對相關信息具有共同的利益。這一抗辯同樣可以延及對於立法和司法過程公正、準確的報道。第四，在實踐中，公正評論也許是最重要的抗辯理由；公正評論對如實報道涉及公共利益的事務進行保護，而且它與保護言論自由尤其密切相關——這一事實已經由法院確認。如果使用這個抗辯理由，那麼評論必須針對涉及公共利益的事務。已經確定的涉及公共利益的事務包括：已

6　絕對特權、限制性特權及其具體內容詳見《元照英美法詞典》的privilege詞條。

經具有或正在試圖獲得公務機關或公益信託職位的人所作出的公共行為，對於司法、政治和國家事務的管理，對於公共機構、藝術作品、公開表演的管理，以及任何引起公眾注意和評論的事務。而且這種評論必須是觀點而非事實，但這種區分在理論上要比在實踐中容易得多。同時，這種評論必須是「公正的」，也就是說，它必須基於事實，並且能夠為事實所支撐——事實基礎必須能夠充分地佐證評論。評論所基於的事實也必須是真實的。如果事實是真實的，而且被告誠實地陳述了他對於涉及公共利益的事務的真實觀點，那麼，一位理智的人是否會持有上述觀點就不重要了。

原告可以通過證明被告為惡意所驅使，來對抗被告的抗辯，證明被告具有惡意的責任在於原告。惡意也可以對抗限制性特權抗辯。就公正評論這一抗辯而言，惡意是指任何可以導致被告作出這一評論的不當動機，這樣一來，被告的評論就不再是他的意見的如實表述。作為一項普遍原則，這一標準就是：「被告在作出評論時，是否相信他的陳述是真的？」

大陸法系並沒有將誹謗作為一項單獨的侵權行為，而是利用了人格權來對名譽進行保護。在某些方面，德國、法國以及其他歐洲大陸國家採取的方法，比普通法系國家更為嚴格。比如，公正評論以及言論正當性的抗辯理由通常不能適用。但是，《歐洲人權

公約》中關於言論自由的條款舒緩了法律的嚴峻性。大多數歐洲大陸國家還保護原告不受「侮辱」，這使法律責任很可能無邊無界，因此受到了《歐洲人權公約》的批評。但是，普通法系的法院很可能會判決被告作出高額賠償(有時候賠償數額高得異乎尋常)；相對而言，歐洲大陸國家法院施加的罰款則微不足道。

刑法

犯罪是不可抗拒的，而且並不是對於罪犯來說才是這樣。它充斥於流行文化之中。想想那些為數眾多的電影，絕大多數是美國片，比如《教父》、《的士司機》、《危險人物》、《疤面煞星》、《落水狗》，以及其他不計其數的電影和那些大受歡迎的、從多個方面刻劃犯罪與探案的電視劇集，包括《法律與秩序》、《紐約重案組》、《希爾街警探》、《黑道家族》[7] 等等。這些還只是一小部分。我們幾乎要為對刑案流程無微不至的觀察而歡欣鼓舞了。

刑法懲罰的嚴重的反社會行為有以下幾種典型形式：謀殺、盜竊、強姦、敲詐、搶劫、企圖傷害他人以及毆打他人。但是，政府也對法律進行設置，將一些相對較輕的不當行為認定為犯罪，尤其是與健康和安全相關的不當行為。這些「管制型犯罪」在現代刑

7　此處所涉影視劇通常採取國內流行譯名，但 *Hill Street Blues* 沒有流行譯名，故暫譯作《希爾街警探》。

法中佔很大比例。與侵權法一樣，過錯這一概念也是刑法的核心。普遍來說，絕大多數國家禁止下列行為：導致不安的行為、侵犯行為，以及有害於政府、經濟或者社會的普遍有效運行的行為。

為了給某個人定罪，幾乎所有刑法體系都要求有證據證明此人具有過錯(故意或者過失)。因此，《美國模範刑法典》會將犯罪定義為「對於個人或公共利益造成無正當理由的、無法原諒的實質性損害的行為，或者具備實質性損害威脅的行為」。刑事責任具有三個基本的構成要件：行為、沒有正當理由和沒有可原諒之處。作為犯罪的構成要件，「行為」必須對個人或公共利益造成了實質性損害，或者具備實質性損害的威脅。總而言之，某人如果實施了對個人或者公共利益造成實質性損害或者具備實質性損害威脅的行為，就必須承擔刑事責任——在沒有正當理由和不可原諒的情況下。

根據每個社會不同的社會和政治價值觀念，「損害」的標準也有所不同；但是所有的社會都同意，有損社群安全或者有損社會成員身體與安寧的行為構成了「損害」。

刑事責任的認定通常要求犯罪行為與犯罪意圖同時存在。但是這兩個前提並不必然讓被告被定罪，因為他可能具有一定的抗辯理由來為他的罪行開釋。假設我被持刀搶劫者襲擊，並且在隨之而起的混亂中殺

死了襲擊者。如果我用「合理暴力」為自己辯護，那麼我可以被認定無罪。但是如果我為保護自己的財產而殺了人，那麼我就不能以這一理由為自己辯護。其他的抗辯理由包括脅迫(比如有人用槍指着我，強迫我去犯罪)、誤解(我真的相信我拿的這把傘是我的)、不具備犯罪能力(被告是個孩子，還很年幼，不能形成必不可少的犯罪意圖)、被挑釁以及精神錯亂。

上面提及的傳統侵害行為是隨處可見的犯罪，但是它們各自對應的懲罰形式和程度有所不同。此外，社會不能容忍那些危及其自身生存的襲擊。叛國、恐怖主義，以及破壞公共秩序也通常被認定為犯罪。刑法並不僅限於規制這些對社區進行極端攻擊的行為。如果侵害行為帶來足夠的侮辱或妨害，那麼它也會引起法律的關注：公共場所的裸露、過量的噪音或者氣味，以及賣淫都屬於可能超過界限的情況。刑法日趨成為手段，以達到家長式統治的目的。想一想這些例子：法律對使用安全帶和頭盔進行強制要求，或者大多數國家立法禁止攜帶毒品。這些法律的表面目的，都是為了保護個人免受其愚蠢行為或脆弱意志的傷害。

為了給被告定罪，普通法系的要求是，必須證明被告的犯罪事實能夠「排除合理懷疑」。民事案件(比如違約之訴或者侵權損害之訴)將這一責任減輕到了「各種可能性的均衡考量」。在大陸法系中，刑事審

判的情形大體相似，但是歐洲大陸國家以及其他大陸法系法域採用的所謂「糾問制」常常被誤解，與普通法系之間的差別也被誇大了。

正如侵權法那樣，刑法中的責任也會有相當嚴格的時候，有些犯罪並不以犯罪意圖為構成要件。同樣，拋棄過錯原則是為了保護公共利益。例如即使沒有過失，工廠也要為工業污染承擔責任。

當然，檢方必須證明被告確實實施了被控的犯罪行為。假設我們打了一架，我用鈍器擊中了你的腦袋。你衝到醫院，但死於醫院的用藥。我是否犯了謀殺罪？我是否導致了你的死亡？如果不是因為我給你造成的傷口，你就不會去醫院，也不會死於醫院基於過失的錯誤用藥。但是也許任何法律體系都不會讓我對你的死亡負責。

在絕大多數國家，謀殺罪的成立都需要能夠證明殺人意圖的證據(普通法系的「惡意預謀」[8])。法律制度試圖通過種種方法，以所涉及的心理因素為基礎，來對殺人進行分類。因此美國和加拿大傾向於對構成謀殺的不同類型的殺人進行分類。根據《加拿大刑法典》，一級謀殺是故意的、有預謀的殺人，或者是在別的嚴重犯罪行為(比如搶劫)的進程中殺人。二級謀殺

---

8 指構成普通法上的謀殺罪所要求的心理狀態，它包括：1. 殺人故意；2. 致人重傷的故意；3. 對人的生命價值的極端忽視；4. 實施重罪的故意。詳見《元照英美法詞典》的malice aforethought 詞條。

是沒有預謀的故意殺人(比如因為情緒激動而殺人)。第三層級的是非預謀殺人，即在沒有殺人故意的情況下殺了人。第四層級的是殺嬰，指母親在尚待從生產中恢復過來的時候，殺害了嬰兒。[9]

故意殺人的責任相對爭議較小，但是出於過失導致他人死亡的責任就沒有這麼簡單直接了。各個法域的法律採取了不同的方案，以解決這一公認的難題。有些法域要求被告必須在主觀上明知他的行為可能會殺死他人，而且，儘管存在這樣的風險，被告仍然魯莽地繼續其行為。比如，我曾被人勸告，永遠不要用裝好子彈的武器指着任何人。我忽視了這個警告，用來福槍指着你；槍響了，你被殺死了。其他一些法域則不需要以明知為前提，只要被告作出的行為基於重大過失，就可以適用過失殺人的責任。而另外一些法域只要求普通過失。

刑法的基本功能之一是批准懲罰罪犯。一系列(經常是互相對立的)理由可以支持這一結論。首先，有人

9　普通法係刑法上的主觀故意可以分為蓄意(purpose或intention)、明知(knowledge)、疏忽(negligence)和輕率(reckless)。我國刑法理論則分為直接故意(明知自己的行為會發生危害社會的結果，並且希望這種結果發生)、間接故意(明知自己的行為會發生危害社會的結果，並且放任這種結果發生)、出於疏忽大意的過失(應當預見自己的行為可能發生危害社會的結果，因為疏忽大意而沒有預見)及過於自信的過失(已經預見到自己的行為可能發生危害社會的結果，但輕信能夠避免)。根據我國刑法的規定，故意犯罪應當負刑事責任，而至於過失犯罪，法律有規定的才負刑事責任。

認為懲罰可以對罪犯和社會公眾形成震懾；有些情況下，這個理由是正確的。但因為很少有罪犯會去想像他們被逮捕的情況，所以懲罰的震懾效果值得商榷。第二，有人相信，通過懲罰，特別是通過監禁，罪犯會認識到自己行為的過錯，並因此改過自新。但不幸的是，支持這種仁慈態度的證據並不充分。第三，有人認為，懲罰的真正目的是報應或報復，讓犯錯的人為他的罪行受苦：「以眼還眼……」一個例子就是伊斯蘭法，大多數解釋都認為，該法對情節嚴重的盜竊的懲罰是截去雙手或者雙腳(但是對於初犯者，只會砍掉一隻手)。

國家承擔懲罰罪犯的責任，並以此降低受害者自掌刑柄的風險。第四，關押犯罪者可以將其與社會隔離，從而保護其餘的人。最後，特別是在輕微犯罪的情形下，罪犯可能會被要求通過「社區服務」的方式來彌補其過愆。這種形式的懲罰已被正名為「恢復性司法」。

財產權

所有權處於社會組織結構的震中。法律定義和保護這一獨有權利的方式，是社會性質的重要標誌。而且，法律對於這一主題始終有話要說，不管是賦予私有財產絕對權利，還是確認集體權利，或是採取折衷路線。財產法具體規定了以下事項：首先，什麼是

「財產」；其次，個人何時對某項事物獲得專有權利；再次，保護這一權利的方式是什麼。

對於第一個問題的共識是，財產包括土地、建築物和物品。普通法系將地產(土地和個人財產或可移動的財產有所不同)與個人財產加以區分，大陸法系則有動產與不動產的區分。動產大致與個人財產相當，而不動產則與地產相當。但是，法律宣稱財產是什麼，它就是什麼：一張十美元的票子只是張紙，它不具備任何天然固有的價值，給它價值的是法律。法律還可以用相似的方式創造財產，知識產權(包括著作權在內)就是個例子。比如，作為本書著作權的所有人，我對本書的複製和出版擁有一系列的壟斷性權利。

第二個問題，即「誰是所有人」的問題，通常可以歸結為確定「誰擁有最堅實的長期權利來控制該事物」。這一權利通常還包括將所有權轉讓給他人的權利。以土地為例，我很可能不知道賣家是不是法定的所有人，所以，絕大多數法律體系都規定了公開的土地登記制度，以方便潛在的買家確定誰才是真正的土地所有人。

第三個問題，我們可能需要法律來解決某一事物的所有人和佔有人之間的衝突。前者，正如我們所知，是指對某一事物的佔有擁有最堅實的長期請求權的人。但是，假設一下，我將自己的度假別墅租給你一年。現在你佔有着這一財產。我雖然對佔有這一別

堅擁有最高的權利，但是有些法律體系更傾向於保護房客的權利(至少在租期內如此)，而有些法律體系則傾向於保護房東的權利[10]。

財產法的一個重要分支是信託法，它是從英格蘭對普通法與衡平法[11]的區分中發展出來的。在14世紀，敗訴方對於普通法的刻板僵化、貪污腐敗和形式主義相當不滿，他們轉而向國王提出申訴，請他迫使另一方當事人遵守有關的道德準則(而非遵守嚴格的法律原則)。國王將這些申訴轉呈給當時的首席行政官員——王室文秘署長官[12]，由其最終開始行使司法權，衡平法理念也由此產生。莎士比亞精準地理解了嚴格適用法律和正義原則與道德原則之間不可避免的衝突，並在《威尼斯商人》第四幕第一場之中，通過鮑西婭宣稱：

---

10 所有權與佔有權是物權法領域中兩個非常重要的、非常基本的概念，它們之間既存在聯繫，也存在一定的區別。對此有興趣的讀者可去閱讀《中華人民共和國物權法》中的相關章節。

11 指與普通法相對應的、由衡平法院在試圖補救普通法缺陷的過程中演變出來的、與普通法和制定法並行的一套法律原則與法律程序體系，衡平法構成了英格蘭法的重要淵源。

12 原文為the chancellor，《元照英美法詞典》將其譯作「王室文秘署長官」，後來這一頭銜演變成the Lord Chancellor(大法官或御前大臣)，其職能曾包括掌管國璽、履行宗教職能、主持上議院會議、負責司法事務等。但經過歷史發展，尤其是現代以來，其職能屢經更迭，目前已大為縮減。對此感興趣的讀者可參考http://www.parliament.uk/about/ mps-and-lords/principal/lord-chancellor/上的相關內容。

慈悲不是出於勉強，

它是像甘霖一樣從天上降下塵世；

它不但給幸福於受施的人，也同樣給幸福於施與
的人；

它有超乎一切的無上威力，

比皇冠更足以顯出一個帝王的高貴。[13]

從衡平司法管轄權之中衍生的諸多理念之一是便利的
信託制度。作為一項安排，委託人將財產移交給一名
或多名受託人，受託人為了一名或多名受益人的利益
持有上述財產，受益人則有權請求法院執行這一信
託。

衡平法以良心為基礎，設置了包括禁令在內的一
系列重要救濟方式。禁令使個人有權提前阻止違法行
為的實施。比如，如果我得知你將要發表一篇有損我
的名譽的文章，那麼，在一些法域中，我可以獲得一
項緊急禁令，來阻止你實施這一行為。另一項衡平救

13　轉引自朱生豪譯、辜正坤校，《威尼斯商人》，《莎士比亞全集》
（第1卷，喜劇卷上冊），譯林出版社，1998年5月第1版，第436頁。譯
者在此引用鮑西婭所作陳詞之全段，以呈現作者引用該節之深意：
「慈悲不是出於勉強，它是像甘霖一樣從天上降下塵世；它不但給幸
福於受施的人，也同樣給幸福於施與的人；它有超乎一切的無上威
力，比皇冠更足以顯出一個帝王的高貴。御杖不過象徵着俗世的威
權，使人民對於君上的尊嚴凜然生畏；慈悲的力量卻高出於權力之
上，它深藏在帝王的內心，是一種屬於上帝的德性，執法的人倘能把
慈悲調劑着公道，人間的權力就和上帝的神力沒有差別。」

圖6　莎士比亞作品《威尼斯商人》中的鮑西婭化裝成年輕的法學博士，成功地説服了法庭，雖然夏洛克有權獲得安東尼奧的一磅肉，但是根據法律要求，他必須在不流一滴血的情況下割掉這塊肉。這個漂亮的法律技術救了安東尼奧的命。

濟是「實際履行」。對於違約行為，普通法只賦以了賠償損失的救濟方式，但是原告經常要求實際履行合同，而非獲得賠償。自從19世紀以來，普通法和衡平法都可以在同一家法院中得到適用，而且，儘管這兩種法律體系之間的區分仍然存在，但衡平法已經失去了它與普通法「不可動搖的男性」地位相對應的、「富有同情心的女性」的職責。

狄更斯式的大法官法庭

這就是大法官法庭，每個郡都有被它弄到敗落的人家和毀壞了的土地，每個瘋人院都有被它折騰到發瘋的人，每處教堂的墓地裏都有因它而死的人；那些被它毀掉的原告，鞋跟磨平，衣衫襤褸，向每個他認識的人求借乞討。它給予有錢有勢者無窮的手段，去慢慢消磨掉正義；它耗盡財力、耐心、勇氣、希望，瓦解理智，摧毀心靈。從業者之中任何正直可敬的人都會給出警告，而且是經常給出警告：「寧可忍受能夠毀掉你的不公，也不要來到此地！」

Charles Dickens, *Bleak House*, Chapter I

憲法與行政法

每個國家都有憲法，無論它是否具有書面形式。憲法規定了政府機構的組成和功能，並且規定了個人與國家之間的關係。憲法分析了政府的功能如何在立法、執法與司法部門之間進行分配，即「分權」。許

多國家的憲法包含了權利法案，它通過賦予公民個人權利和自由，限制政府行使權力。上述權利通常包括言論自由、思想自由、宗教自由、和平集會的權利、自由結社的權利、隱私權、法律面前人人平等與平等獲得法律保護的權利、生命權、結婚並建立家庭的權利、遷徙自由，以及犯罪嫌疑人與罪犯的權利。

行政法規定了公共官員如何行使權力和履行職責。它尤其關注通過法院來控制權力。在許多法域中，法院越來越多地介入審查立法權行使和行政行為。在很大程度上這是因為，在過去50年中，政府機構的數量發生了劇烈的擴張，以對我們社會生活和經濟生活的方方面面進行管制。法院還關注所謂「準司法」機構，比如能夠影響其成員法定權利的行業自律委員會作出的裁決。這些機構作出決定時同樣會受到「司法審查」的影響，以判斷它們的行為是否合理。

在不同的普通法系法域中，法院所適用的、用以判斷「合理性」的具體標準也有所不同。例如，美國法院在對是否推翻某一機構的決定作出裁決之前，會詢問該決定是否是「專斷的或者任意的」。加拿大的標準屬於「顯而易見的不合理」，而印度最高法院採取的是比例標準與合法預期標準。英格蘭法採取的是「溫斯伯里式不合理」標準(以溫斯伯里案命名，該案的判決指出，一項決定如果是「不合理到任何一個理智的機構都不會作出」的話，這項決定可以被撤銷)。

在法國，憲法委員會行使獨家的司法監督權，包括那些沒有得到議會充分支持的立法。它具有不可上訴的、宣佈有爭議的法案無效的權力。法國最高法院(法國行政法院以及法國最高民事刑事法院)致力於將法律解釋得與憲法一致。法國行政法確認了具體的「具有憲法價值的原則」，包括人的尊嚴原則。執法機關必須遵循這些原則，即使在沒有具體的法律規定的情況下也必須如此。德國憲法(基本法)則確保了司法審查是對多數人暴政的制衡。

有些大陸法系國家則特別設立了行政法院。但是，決定某一案件到底應該由行政法院管轄，還是由普通法院管轄，往往會很困難。比如法國有專門的衝突法庭來判斷某一案件到底應該由哪類法院負責管轄；而在德國，是由第一個接到訴狀的法院來決定其是否具有管轄權，如該法院認定自己並不具備管轄權，則它有權移送這一案件。在意大利，如果發生類似衝突，則最高法院是最終的決定機構。

其他部門法

家庭法涉及婚姻(以及當代那些與它類似的關係)、離婚、子女、子女撫養費、收養、監護、監護權、代孕以及家庭暴力。

國際公法旨在規範主權國家之間的關係。這些原則產生於條約、國際協定(比如日內瓦公約)、聯合國以

及其他國際組織——包括國際勞工組織、聯合國教科文組織(UNESCO)、世界貿易組織(WTO)以及國際貨幣基金組織(IMF)。1945年，國際法庭(有時被稱為世界法院)根據聯合國憲章在海牙成立，其目的在於解決國家之間的法律糾紛，並就法律問題給出建議性的意見。國際刑事法院於2002年成立，同樣位於海牙。它負責審理指控嫌疑犯犯有種族滅絕、反人類罪、戰爭罪、侵略罪等罪行的案件。該法院的成員國有一百多個，但是中國與美國都不在其中。美國對於國際刑事法院尊重美國被告憲法權利(包括由陪審團進行審理)的能力以及該法院或將被政治化的前景感到不安——這種恐懼似乎沒有來由，認可該法院管轄權的眾多國家並未因此感到煩惱。

環境法是由許多普通法規則、法律、國際協定與公約集合而成的，它主要關注保護自然環境，使其免受人類的破壞，例如造成污染並可能導致全球變暖的碳排放。它還旨在推動「可持續發展」。

公司法則規定公司以及其他商業機構的運作。「公司法人」這一概念(公司具有獨立於其成員的獨特身份)在商業世界中至關重要。它意味着公司是一個具備簽訂合同及起訴與被訴的能力的法人。公司法同樣規定了董事、股東們的權利和義務，而且涉及公司治理、併購及兼併的規定越來越多。

第三章
法律與道德

同性戀是罪惡嗎？墮胎錯在哪裏？為什麼種族主義是不好的？在任何一個法律體系中，這樣的道德問題都是不可避免的。面對這些問題也是自由社會的基本特徵之一。而且，國際舞台上也開始越來越多地使用道德用語。當一位美國總統用「邪惡軸心」來描述某些國家時，他已經(也許是無意識地)設定了衡量國家行為的規範性標準。自從聯合國建立以來，這一標準就在範圍不斷擴大的國際宣言和公約中得以部分體現。

我們不能輕鬆避開道德問題，但如果有人確定或者承認在生活中具有一致的基本道德價值觀，那麼這一定會引發爭議。儘管法律的理念和制度經常體現着道德價值觀，但做好人、做好事並不一定必然等同於遵守法律。如果兩者完全相同的話，這反而會非常奇怪了。

法律與社會所接受的道德實踐(或稱「實證道德」)之間的關係類似於兩個部分交叉的圓環。在它們互相重疊的地方，我們可以找到法律和道德價值觀的一致之處(例如，在所有的社會之中，謀殺在道德上和法律

上都是被禁止的)。但是在這些重疊的區域之外，一方面，違法的行為不一定不道德(比如停車超出規定時間)；另一方面，不道德的行為不一定違法(比如通姦)。兩者的交叉之處越多，法律就越容易得到社會成員的接受和尊重。

在有些情況下，特定個體或者群體的法律和道德準則會產生衝突。比如，和平主義者如被要求參軍，他將會被迫成為良心反對者，他的違法行為可能會使他面臨監禁的後果。類似地，許多國家的記者堅稱自己具有不披露消息來源的權利，但如果他們被要求出庭作證以披露上述信息，那麼這種堅持對他們就並無助益。

更加極端的情形是，法律在事實上與大多數人的道德價值觀相衝突。比如，實行種族隔離制度的南非曾經利用法律達到不道德的目的。南非的政治體系是由少數白人創設的，它剝奪了每一位黑人的公民權，南非的法律在社會生活與經濟生活的好幾個重要方面歧視黑人。在這種情況下，我們也許會問，這樣不正當的法律是否還有資格成為「法律」。法律必須符合道德嗎？是不是什麼都能成為法律？

在兩位作為領軍人物的法哲學家之間有場著名的，卻並沒有形成定論的論戰，它旨在為「不道德的法律也能被視為『法律』」這一觀點奠定基礎(如果有這種基礎的話)，但這場論戰並未形成定論。論戰的

中心是戰後的西德法院作出的一項判決。在1944年，納粹統治期間，一位希望擺脫自己丈夫的女性向蓋世太保告發了她的丈夫，因為他對希特勒的戰爭行為作出了侮辱性的評論。他因此受審，並被判處死刑，不過他的判決轉而被改成了在蘇德戰爭前線服兵役。戰後，因為使丈夫失去自由，這位妻子被提起公訴。她的辯護理由是，根據1934年的一部納粹法令，她丈夫的行為是違法的。但是法院仍然認定她有罪，理由是據以懲罰她丈夫的法令違反了「所有正派的人的健全良知和正義感」。

牛津大學的法理學教授H.L.A. 哈特堅稱，因為1934年的納粹法律是正式生效的法律，所以法院的這一判決以及其他與其一致的類似判決都是錯誤的。相反，哈佛法學院的朗‧福勒(Lon Fuller)教授則認為，納粹的「法律」嚴重有悖道德，因此它不具備成為法律的資格。福勒教授據此認為，西德法院的判決是對的，雖然兩位法學家都表示，他們傾向於制定能夠據以起訴該名女性的、具有溯及力的律法。

對於福勒來說，法律具有「內在的道德性」。以他的視角而言，法律制度是人類本着一定目的而制定的、「讓人類的行為受到普遍規則的指引與控制的制度」。法律制度必須符合特定的程序標準，否則看起來是法律制度的東西，可能只不過是在運用國家強制力。這種「法律的內在道德性」具有八個基本原則，

如果不符合其中任何一項或者實質性地違反了其中數項，那麼都表明在這一社會中不存在「法律」。他提及了一個名叫雷克斯的國王的悲慘傳說。這位國王忽視了這八個原則，從而付出了相應的代價。他根本沒有制定普遍適用的規則，而是一個一個地解決問題。他也沒有公佈規則。他制定的規則具有追溯力、難以理解、互相矛盾，還要求受其影響的當事人實施他們力所不能及的行為。而且他的規則經常變更，臣民們無法據以調整自己的行為。最後，他頒佈的規則和其實際執行之間並不一致。

福勒解釋，這些失敗的對立面則是一個規則系統所追求的八種「法律精髓」，並為「法律的內在道德」所體現。它們是：普遍適用、公開頒佈、無追溯力、清晰明瞭、不自相矛盾、能夠被人遵守、恆久，以及公佈的規則與官方行為之間相一致。

如果某一制度不符合其中的任何一項原則，或者實質性地違反了其中的數項，那麼就不能說在這個社群中存在着「法律」。因此，福勒擁護的是程序上的自然法，而非實體上的自然法。「法律的內在道德性」的本質是「願景上的道德性」。它不是為了達到實體上的目標，而是希望達到法律本身的完美。

不關法律的事？

哈特教授參與了另一場關於法律與道德之間關係

圖7　約翰‧斯圖亞特‧密爾是位神童(他在八歲時即能閱讀拉丁文與希臘文)，他的《論自由》是對於自由概念的經典闡釋，在關於國家權力之於個人的限制問題上尤其如此。他的「有害原則」不斷激起自由社會中刑法的正當邊界的爭論。

的重要辯論。這次他的對手是英國法官德夫林勛爵 (Lord Devlin)。這場被稱為哈特與德夫林之爭 (Hart/ Devlin debate) 的辯論闡明了在強制執行道德準則時, 法律的某些基本作用。在英國, 甚至在全世界, 這場經典的對抗都是任何關於這一主題的嚴肅討論的起點。

這一爭論的催化劑是1957年英國某個委員會的報告。約翰·沃爾芬登爵士 (Sir John Wolfenden) 是該委員會的主席, 他被任命調查同性戀犯罪以及賣淫問題。這一報告的結論是, 刑法的功能在於維護公共秩序與正派體面, 保護市民免受有害的或是令人不快的行為的傷害, 並且免受他人的利用和腐化。特別需要保護的是那些易受傷害的人群:年輕人、沒有社會經驗的人, 以及弱勢人群。但是:

> 除非社會有意作出努力, 通過法律這一媒介使犯罪與罪孽畫上等號, 否則就必須給事關私德及有違私德之事保留一塊領域;這個領域, 以簡單粗暴的話來說, 根本不關法律的事。

在得出這一結論時 (沃爾芬登委員會一併建議, 成年人之間私下自願發生的同性戀行為或者賣淫, 都不應當被視為犯罪), 該委員會受到了19世紀自由派功利主義者約翰·斯圖亞特·密爾 (John Stuart Mill) 的觀點的強烈影響。密爾在1859年聲稱:

> 人類被允許以個人或集體的方式對他們的任何成
> 員的行動自由進行干涉的唯一目的，就是自我防
> 衛；對文明社會的任何一個成員，可以不顧他的
> 意志、對他正當行使權力的唯一目的是阻止他傷
> 害別人。他本人的利益，無論是物質的還是精神
> 的，都不是對他施以強制的充分理由。[1]

乍一看，確定刑法邊界界碑的「有害原則」似乎並不複雜，也挺有吸引力。但是兩個難題立刻就顯現出來了。第一，刑法懲罰另一位維多利亞時代的功利主義者詹姆斯・菲茨詹姆斯・斯蒂芬((Sir James Fitzjames Stephen)小說家維琴妮婭・吳爾芙Virginia Woolf的叔叔)所稱的「較為嚴重的惡行」[2]，這是正當的嗎？第二，由誰去決定什麼是「有害的」？

　　這兩個問題是哈特與德夫林之爭的核心。在1959年的一系列講座中，德夫林勛爵對沃爾芬登委員會的立場提出了異議，認為社會完全有權懲罰在社會普通成員(「位於陪審席上的人」)眼中極其不道德的行為。他認為，「有害」不應當成為相關標準，社會的結構是由共同的道德觀念來維持的。當人們作出不道德行

1　此處譯文引自《自由・平等・博愛：一位法學家對約翰・密爾的批判》，(英)詹姆斯・菲茨詹姆斯・斯蒂芬著，馮克利、楊日鵬譯，廣西師範大學出版社，2007年11月第1版，第24頁。

2　同上，第126頁。

為時，即使這些行為是私下作出的，即使它們沒有傷害任何人，社會的凝聚力也會因此而削弱。他認為，社會的分崩離析更多源於內部因素，而非外力的摧毀：

> 當人們不再遵守通常的道德標準時，瓦解就開始了。歷史表明，道德準繩的放鬆往往是社會瓦解的第一步，所以，社會採取與維持其政府相同的措施來維持其道德標準，這是正當合理的……對於惡行的抑制也是法律的功能，正如法律抑制顛覆活動一般。

但是，儘管德夫林勛爵主張只有那些「不能忍受的、令人憤慨的、令人厭惡的」行為才該受到處罰，哈特教授還是直接反駁了德夫林勛爵「社會凝聚力」論點的根基。哈特堅稱，社會並不需要共同的道德標準，多元的、多文化的社會可能會包含各種各樣的道德觀念。即使存在這樣的共同道德，對於社會的存續而言，保護這種道德也並非至關重要。就第一個論斷而言，它認為一個社會的根基無法承受競爭性的意識形態或道德的挑戰，這確實有些牽強。西方社會的相當一部分居民奉行伊斯蘭教的禁酒規定，但西方社會因此受到嚴重損害了嗎？同樣，伊斯蘭社會是否不能經受其內部少數人的道德觀念的挑戰？

哈特並未從他支持法律扮演家長角色的立場中退

縮。與密爾不同，他認為在有些情況下，法律應當保護個人不受自己行為的傷害。因此，刑法可以正當合理地不允許將受害者同意被殺死或被襲擊作為抗辯理由。對機動車安全帶的要求，或者對摩托車手必須戴上防撞擊頭盔的要求，是法律加以合法控制的實例之一。

哈特還對兩種傷害作出了重要的區分，一是因公眾矚目而造成的傷害，一是僅僅因為知情才導致的侵害。因此，懲罰重婚罪就有了正當合理的理由，因為重婚是一種公眾行為，它可能導致對宗教敏感之處的侵害；而成年人之間私下進行的、得到彼此同意的性行為，只有在有人知情時才有可能構成這種侵害，因此對其施以懲罰就不夠合理。最好是讓立法機關去決定如何對待這樣的行為。著名的英國法官阿特金勛爵曾說過：

> 關於法律是否應當懲罰那些並非當眾作出的不道德行為，現在存在着眾所周知的重大分歧。有些人認為法律已經走得太遠，而有些人則認為法律做得遠遠不夠。議會是解決這一問題的合適場所，而且我堅持認為，它是唯一適合解決這一問題的場所。如果能有來自公眾意見的充分支持，議會在加以干預時就不會瞻前顧後。如果連議院都不敢涉足某一領域，那麼法院也不適宜貿然闖入。

在涉及以下事務時，類似的方法也可能適用。

生命權？

　　道德問題很少能夠有簡單的解決方法，還常常將社會變得多元化。美國關於墮胎的爭議就是個引人注目的例子。一方面，基督教團體譴責(有時是激烈譴責)墮胎，視之為謀殺胎兒。另一方面，女權主義者則認為，墮胎是女性控制自己身體的基本權利。兩者之間沒有任何中間地帶。羅納德‧德沃金（Ronald Dworkin）生動地描述了這一鬥爭的激烈程度：

> 反墮胎群體與其對手之間的戰爭，是17世紀歐洲因宗教而起的內戰的翻版。立場相反的軍隊沿街行進，或者聚集在實施墮胎手術的診所、法院以及白宮之前舉行抗議活動，彼此大聲叫喊、吐唾沫和憎惡。墮胎正在撕裂美國。

美國最高法院1973年就羅訴韋德（*Roe v Wade*）一案作出的判決，成為墮胎這一爭議主題的核心問題。該案中，法院的多數意見認為，得克薩斯州的墮胎法因侵犯個人隱私而違憲。該部法律規定，墮胎屬於犯罪行為，除非是為了挽救孕婦的生命。法院判稱，各州禁止墮胎以保護胎兒生命的做法，只能適用於六個月以上的胎兒。這一判決被稱為是「毫無疑問，有史以來美國最高法院作出的、最廣為人知的判決」，它立刻得到了女權主義者的歡迎，而許多基督教徒則對此加

圖8　1973年，美國最高法院在羅訴韋德一案中作出的里程碑式的判決不斷激起論戰，這些論戰分歧極大，往往尖酸刻薄。法院判決，禁止墮胎的法律侵犯了作為憲法權利的隱私權。這一判決被女權主義團體普遍擁護，卻被生命權的提倡者反對。

以抨擊。美國女性賴其享有脆弱的合法墮胎權。

　　在墮胎引起的辯論中，人類生命權的不可侵犯性與女性對自己身體的控制權，處於一種道德權衡之中。大多數歐洲國家的做法是通過立法，允許在特定時期、特定條件下墮胎，以努力尋求這兩者之間的平衡。比如，在英國，如果有兩位執業醫生證明，繼續妊娠將會危及孕婦或孕婦現有的孩子的生命，或者會對他們造成傷害，而且這種危險會比終止妊娠的危險更大，那麼在這種情況下，墮胎就是合法的。如果孩

子出生後，有嚴重身體殘疾或者嚴重智力障礙的風險很大，墮胎也是合法的。在孩子能夠活着出生的情況下，終止妊娠會構成犯罪。因此這個時間通常是在懷孕28周之後。最近的法律則規定可以終止尚未超過24周的妊娠，前提是繼續妊娠可能會傷害孕婦或孕婦現有的孩子，且這一危險比終止妊娠更為嚴重。但如果終止妊娠能防止對孕婦造成嚴重的、永久性的身體或者精神的傷害，或者能防止危及孕婦的生命，或者孩子出生後存在嚴重身體殘疾或者智力障礙的風險很大，那麼終止妊娠沒有時間限制。

在探索解決這一複雜問題的、合乎良心的方案的時候，每一個社會都必須評估它自身的主流道德。如果大多數人都傾向於相信生命是神聖的，那麼是否可以將胎兒視為有資格受到傷害的人？如果答案是「是的」，那麼終結胎兒的生命，與人道地處死一個活生生的人有何不同？一個還未出生的胎兒的權益是否應當勝過女性被迫懷着不想要的孩子的苦痛，或者勝過撫養殘疾兒帶來的焦慮、費用和艱辛？

安樂死這一令人望而卻步的問題，也同樣不可避免地引發了類似的思考。醫生、律師，最終是法院，一直在為個人的「死亡權」這一爭議問題比拼角力。主動安樂死和被動安樂死經常會被劃清界限(這一界限並不是在所有情況下都具備說服力)。前者是指通過積極的行為加速死亡過程，比如注射氯化鉀。大多

數法律制度將其視為謀殺。後者包括通過不作為來縮短生命：停止治療。在很多法域中，這一方法被視為人道主義，正日益為法律以及醫療行業所接受。但如果無法治愈的病人或者晚期病人處於持續性植物狀態（PVS），根本無法作出自主決定，那麼法院在判定撤除他們身上的生命維持設備的合法性的時候，也並不輕鬆。

道德上的不一致？

戰爭之外的殺人被視為平時所犯下的最嚴重的罪行。相形之下，唯一一種為我們的文化更加嚴厲禁止的行為是食人（即使人已經死了）。但是我們挺享受以其他物種為食。我們中的許多人會在人類最為可怖的罪犯的司法行刑現場退縮，但是我們會熱烈支持未經審判射殺相對較為溫和的有害動物。事實上，我們還以殺死其他無害物種為樂。一個人類胎兒所具有的人的感覺並不比一隻阿米巴蟲更多，但胎兒享有的尊嚴和法律保障卻遠遠超過成年的黑猩猩。然而黑猩猩能夠感覺和思考……甚至可能有能力學習某種形式的人類語言。胎兒屬於我們自己的物種，並因此立刻得到了相應的特殊優待和權利。

Richard Dawkins, *The Selfish Gene*, 30th anniversary edition (OUP, 2006), p. 10

對終止病人生命的道德性和合法性進行概括，同樣並不容易。比如在無法治愈的病人和晚期病人之間就存在着重要的區別。後者可包括缺乏行動能力（病人

具有完全清醒的意識，可以自主呼吸)、需要人工支持(病人具有完全清醒的意識，但需要連接呼吸機)、無意識以及需要深度護理的病人(病人處於昏迷狀態，需要連接呼吸機)。每一個不同的情況都會產生不同的問題。

法律遇到此類棘手的道德問題時所面對的複雜性，表明了它們並不能夠輕易通過口號得到解決。「死亡權」、「自治」、「自我決定權」或者「生命的神聖性」在相關辯論中大量使用，但是法律給出的答案必須是謹慎的、經過深思熟慮的，而且能夠最好地服務於公共利益。法官可能不是最合適的裁決者，但是我們有其他人選嗎？兩個國家(一個是英國，另一個是美國)法院的判決闡明了這些問題所涉及的複雜性。

英國的案件由1989年某個足球場的坍塌事故所引發(見本書第44頁)。安東尼‧布蘭德因缺氧而導致腦損傷，處於持續性植物人狀態。但是他的腦幹仍處於運轉狀態，他的大腦皮層(控制意識、交流能力以及自主活動的區域)因為缺氧而完全受損了，但是他在法律上並沒有死亡。霍夫曼大法官(Lord Justice Hoffmann 那時他已經成為了大法官[3])這樣描述他的悲慘狀況：

他躺在……醫院中，他食用的流食泵壓進一根管

3　霍夫曼法官於1992年成為上訴法院大法官。

子，這根管子穿過他的鼻腔、喉嚨後部，一直到達他的胃部。一根導尿管插進他的陰莖以排空膀胱，這會不時導致感染，需要敷料及抗生素治療。他僵硬的關節讓他的四肢緊緊收縮在一起，所以他的雙臂彎曲着交叉在胸前，他的雙腿不自然地扭曲着。喉嚨的反射活動使他嘔吐和流口水。儘管他的家人輪流前來看他，承受着這一切的安東尼·布蘭德並沒有任何意識……黑暗和無意識永遠不會離開他。

布蘭德的情況沒有任何好轉的跡象，他可能很長時間都得維持着現在的情形。他的醫生向法院提出申請，請求法院准許停用呼吸機、抗生素、人工餵養與給水設備，之後他們可以用其他方法治療他，讓他在最小的痛苦中有尊嚴地死去。官方律師(代理那些無行為能力的人)認為，這會違反醫生對於他們的病人的義務，並構成犯罪。

上議院(英國的最終上訴法院[4])認為，自我決定權比生命權更為重要。醫生應當按上述順序，尊重他的病人的權利。如果病人已經預見到自己將會墮入類似

4　2009年10月，英國最高法院取代上議院上訴委員會，成為英國最高級別的法院。對於英國境內的民事案件及英格蘭、威爾士、北愛爾蘭的刑事案件而言，它是最終上訴法院。更多內容可見www. supremecourt. gov.uk。

於持續性植物狀態的境地，而且他明確清楚地表達了自己不願意接受醫療(包括經過計算的、用以維持生存的人工進食)的意願，那麼這一順序就更有說服力。但是，儘管全部五名上議院貴族法官均同意應當允許終止布蘭德的生命，但是關於法律對此事的態度是什麼以及它應當持什麼樣的態度，他們並沒有形成明確的一致意見。所有人都同時承認了生命權的神聖性與病人的自主權利，但是在布蘭德沒有作出明確指示的情況下，要如何調和這些價值觀？對於高夫勛爵來說，答案是保護病人的最佳利益。但是失去意識的病人有什麼利益呢？高夫勛爵認為，這些利益部分在於給他人帶來的壓力與痛苦。凱斯勛爵與馬斯提爾勛爵對此則存有疑問，後者聲明：

> 如果說終結他人的壓力之源也是安東尼·布蘭德的利益，那麼對我而言，個人權利的概念已經被拉伸得超過了臨界點。與擁有清醒意識的病人不同，他並不知道自己的身體發生了什麼……無法逃避的痛苦現實是，那些他人提議的行為並不符合安東尼·布蘭德的最佳利益，因為他事實上並不具有任何形式的最佳利益。

荷蘭法律以較為靈活的措辭，規定了允許醫生終止病人生命所必須滿足的前提條件。

參與自願安樂死或者自殺的醫生必須：
1. 確信病人的要求是自願的、經過深思熟慮的和持久的；
2. 確定病人的痛苦是無法中斷和難以忍受的；
3. 已經告知了病人他的現狀與前景；
4. 已經與病人一起得出結論，認為沒有其他任何合理的選擇；
5. 至少諮詢了一名其他醫生；
6. 以適當的醫學方式實施了程序。

荷蘭刑法典第293條第2款

這一方式與美國及加拿大的一些法院所採取的立場相似。在美國最高法院就克魯山一案作出的著名判決中(處於持續性植物狀態的病人的父母試圖說服法院，儘管他們的女兒並沒有在清醒狀態下立下「生存遺囑」，但是她不會想要這樣活下去)，法院判稱，國家在生命的神聖性中享有利益，並因此對保護生命也享有利益。這些判決同樣將國家在保護生命中享有的利益放到了重要地位。

最終上議院裁決，撤除布蘭德的營養和給水設備不會構成犯罪，因為布蘭德得以康復的任何希望都已經不存在了；而且，儘管結束他的生命不符合他的最佳利益，但是布蘭德的最佳利益——維持生命，已經

與「無須同意」機制的正當性，以及醫生維持其生命的義務一起消失了。因為不存在這一義務，所以撤除營養和給水設備並不是犯罪行為。

全世界的法院都無法繞過這種令人沮喪的兩難境地。法院的負擔可能會因「生存遺囑」而大為減輕。在該文件中，個人需按照下述言辭作出保證：「如因身體或者精神障礙，我無法參與決定自身的醫療護理，並且因此具有下列任何一種醫學狀況(兩位獨立執業醫生能夠證明我不具備任何合理的康復前景)，則我聲明，我的生命不應以任何人工手段加以延續。」

做那些自然而然的事

自從亞里士多德以來，道德問題一直吸引着哲學家們的興趣。自然法理論尋求解決「實然」與「應然」之間的衝突。簡單來説，它最基本的論點就在於自然應當是什麼樣的。在自然中發生的事是好的，我們應當努力追尋這一目標。繁殖是自然的，所以我們應當繁衍後代。羅馬律師西塞羅曾這樣論述：

> 真正的法律是與自然和諧的正當理性，它是普遍適用、永恒不變的……試圖改變這樣的法律是一種罪孽，同樣也不能允許廢止它的任何一部分，將它全部廢止是根本不可能的……[神]是這部法律的撰寫者、發佈者，也是執行它的法官。

當代自然法的內容有很大一部分應當歸功於天主教，特別是多明我會的聖托馬斯·阿奎那(1225-1274)深思熟慮的著作，他的重要作品《神學大全》包含了基督教教義對該主題最為全面的陳述。在17世紀的歐洲，人們認為，法律的全部門類的闡述建立在自然法的基礎之上。雨果·德·格羅特(Hugo de Groot 1583-1645)——更加廣為人知的名字是格勞秀斯Grotius——與自然法的世俗化運動緊密相聯。在具有影響力的作品《戰爭與和平法》中，格勞秀斯宣稱，即使上帝並不存在，自然法也將具有相同的內容。這成為了正在形成的國際公法基本原則的重要基礎。

18世紀，英國的威廉·布萊克斯通爵士(Sir William Blackstone)在《英國法釋義》中聲明了自然法的重要性。布萊克斯通(1723-1780)在本書開頭表達了對古典自然法原則的支持——就像他要通過訴諸上帝所賜的原則來使英國的法律神聖化一般。這種態度引發了功利主義哲學家，法律與社會的改革者邊沁(Jeremy Bentham 1748-1832)的批評，他嘲笑自然法「僅僅是想像的產物」。

儘管邊沁對自然法相當蔑視，自然法還是被用於證明革命的合理性——特別是美國和法國的革命——理由是法律侵犯了個人的自然權利。反抗英國殖民統治的美國革命以訴諸全美人民的自然權利為基礎，用1776年《獨立宣言》中的崇高言辭來說，全美人民的

圖9 對伊拉克獨裁者薩達姆‧侯賽因的審判和處決儘管確立了犯下嚴重罪行的統治者所要承擔的責任，但也受到了來自不同角度的批評，包括美國過度的影響、法官的頻繁更換，以及對辯護律師的攻擊。

自然權利是「生命、自由與追求幸福的權利」。正如《獨立宣言》所稱：「我們認為下面這些真理是不言而喻的：人人生而平等，造物者賦予他們若干不可剝奪的權利。」同樣激動人心的情緒也體現在法國1789年8月26日的《人權宣言》中，該宣言提及了人類的「自然權利」。

　　自然法同樣成為了紐倫堡審判納粹軍官的潛在依據。紐倫堡大審確立的原則是，特定行為即使沒有違反任何實體法條文，也能夠構成「反人類罪」。這些審判的主審法官並沒有明確引用自然法理論，但是他們的判決表明他們作出了一個至關重要的認可，即法

律並非判定是非的必然唯一標準。

我們的時代是一個公眾責任不斷提升的時代。或者，更加準確地説，現在我們致力於起訴實施種族屠殺與其他反人類犯罪的罪犯，而且惡毒的政府官員及其合作者與軍事指揮官所享有的豁免權正在逐漸縮水。國際刑事法院(ICC)新近在海牙的建立是一個標誌性的事件，它意味着不應允許邪惡的獨裁者及其親信逍遙法外。儘管現在的美國政府對該法院持反對態度(主要是因為美國政府擔心它會削弱美國對涉及本國國民的司法事務所享有的主權，以及美國軍隊有可能會被起訴)，但是這一情況可能會被未來的總統改變。國際刑事法院的管轄權被限定為「為全體國際社會所關注的、最為嚴重的罪行」，這些罪行包括反人類罪、種族屠殺罪、戰爭罪以及侵略罪。

2006年，前南斯拉夫總統米洛舍維奇(Slobadon Milošević)死亡時，以他為被告在國際戰爭犯罪法庭提起的起訴也戛然而止。他被控在波黑地區犯有種族屠殺罪行，在克羅地亞犯有反人類罪，並在科索沃地區實施了與暴行有關的犯罪。盧旺達的前總理因被判決犯有種族屠殺罪與反人類罪而被判處終身監禁。在伊拉克舉行的對薩達姆·侯賽因的審判以執行死刑終結，他的數名同夥也被判處死刑或監禁。

對法律和道德的嚴肅分析，不可能不涉及個人權利這一概念。道德訴求經常演變為道德權利：人們堅

持他們對一系列利益享有權利，包括生命、工作、健康、教育以及住房。各個民族則堅持他們享有自決權、主權與自由貿易權。在法律背景下，權利已經佔有極其重要的地位，在某些情況下，它們會被視為法律的同義詞。有關政治權利的宣言經常被視為當代民主國家的商標。相互對立的權利之間不可避免的碰撞，已經成為自由社會的顯著特徵之一。

在國際層面上，一系列人權公約和宣言足以說明權利之論的力量。聯合國的《世界人權宣言》(1948年)、《公民及政治權利國際公約》以及《經濟、社會、文化權利國際公約》⁵ (1976年)，至少在理論上顯示了國際社會對於確立人權的普適概念與保護人權所做的努力。它表明，在相當大的程度上，不同國家之間具有跨越文化的一致性。

<hr />

5　以上公約譯名均從聯合國網站中文版譯名。

第四章
法院

　　法官完全是法律的人格化體現。司法職能體現了公平、正義，以及法治鐵面無情的實施。法官解決糾紛、懲罰違法者，並在沒有陪審團的情況下決定有罪與否。在更為宏大的法律與法律制度層面上，法官是法律價值的監護人與守護者：正義與程序公正的衛士。

　　不過，法官在刑事犯罪中的角色尤其能夠激發公眾的興趣。法庭戲對於小說家、劇作者和影視劇本作者來說，有着不可抵擋的魅力。在英語世界裏，我們立刻可以聯想到不少作品。狄更斯的《荒涼山莊》是一個極好的例子。加繆(Albert Camus)的《墮落》、卡夫卡(Kafka)的《審判》、哈珀·李(Harper Lee)的《殺死一隻模仿鳥》、杜羅(Scott Turow)的《無罪推定》、莫提默(John Mortimer)的《法庭的魯波爾》系列劇，以及格利山姆(John Grisham)的暢銷小說中對庭審過程的描繪是其他一些突出的例子。莎士比亞在《威尼斯商人》中展示了令人難忘的正義理念與法庭審理程序。電影中的法庭戲更加不勝枚舉。午後電影的偶像們通常會扮演那些勇敢的辯護者：電影版的

《殺死一隻模仿鳥》中的格里高利・派克，還有《大審判》中的保羅・紐曼。法庭和律師大量出現於許多成功的電視劇集中，《甜心俏佳人》、《律師本色》與《洛城法網》則是較近的例子。

我們很容易理解為什麼法庭程序會這麼具有娛樂性，這麼吸引人。刑事審判的戲劇場面經常具有強大的吸引力。律師之間的對抗、被告不確定的命運、聳人聽聞的證據——所有這些都會在展示過程中引起近乎窺私癖的好奇心。在有些情況下，虛構出來的司法程序的壯觀程度並不亞於真實的庭審過程。特別是在美國，真實的庭審過程經常會有電視直播。當名人受審時，法庭中的攝像機確保了這一案件能夠擁有廣大的受眾——指控的罪名越可怕，效果就越好。然而，審判很少能夠具有這種程度的吸引力和魅力，它們通常是沉悶而冗長乏味的。

刑事審判可能會因為提交的證據而顯得生動有趣，但民事審判通常缺乏這一調料。法庭從事的是解決糾紛的工作。代表各方當事人的律師致力於說服法庭採納他們關於案件是非曲直的看法。在普通法系的審判中，一方引用某個先例，以此論證本案和之前的案件有充分的相似之處，所以應當遵循先例。另一方則致力於尋找本案與先例之間的細微區別，以指出兩者存在不同之處。這是法律推理的精華所在。如果敗訴方提起上訴，那麼級別更高的法官將重新聽取雙方

的論辯。毫無疑問，法官們行使的責任相當繁重：

> 來到法官席前，等待判決宣佈，是件讓人敬畏的事……法官象徵着正義的概念和有組織的強制力，兼有理性人的理性與多數人的殘忍。他既具有他所屬的文化的理念，也具有強迫他人服從的權力。當一位公民站在庭上，他會立刻感受到這一權力的影響；權力集合起來，集中體現在他一個人身上。

當代法哲學的領軍人物德沃金(Ronald Dworkin)評論說：「法庭是法律帝國的都城，法官們是它的君王。」在每一個法律體系中，法院都扮演着中心角色。但是這個角色究竟是什麼？法官們的政治功能是什麼？他們的任命、選舉與責任又是怎樣的？在刑事審判管理中，特別是在複雜的商業犯罪審判中，陪審團制度是不是一個有益的因素？普通法系國家的對抗制是否比大陸法系國家的訊問制更加優越？

對於普通法來說，法官扮演着基石般的角色，司法功能的離心力在理論和實踐兩個層面上推動着法律制度的運作。儘管在歐洲大陸國家的法典化體系中，法官的作用相對而言可能不那麼重要，但是法官的影響力再怎麼被高估，都不過份。

法官是法律體系的典型象徵。在長袍與崇高的獨

立性之下，他們是正義的化身。以英國法官德夫林勛爵的話來說，法官向社會提供的「社會服務」就是：「消除不公正感」。這種不偏不倚體現在法官解決糾紛的判決之中，無異於一篇對自由社會和公正社會深具信心的論文。冷靜理智的法官是民主政體的精粹。立法與司法之間所謂的界限也是這一政體最負盛名的標誌之一。

儘管憤世嫉俗者認為這種吸引人的、經久不衰的關於司法職能的看法只不過是個神話，但這些懷疑並不足以輕易驅除法官作為法律的守護者、正義的保護人和智囊團的形象。當然，我們並不能否認，正如我們普通人一樣，法官也會受到個人偏好和政治偏見的影響。但偶爾也有人認為，承認司法的弱點具有某種程度的顛覆性，著名的美國法官卡多佐(Benjamin Cardozo)對此曾評論說：「似乎一提到法官也會受到人性的限制，法官就必然會因此失去他人的尊敬和信賴一樣。」

司法職能是什麼？

司法機構位於法律程序的核心。在努力揭開法官如何審理案件的神秘面紗之時，我們不得不追尋法律本身的意義：「什麼才能構成法律」的理論，必然指引並貫穿裁判行為的每個層面。根據正統的、所謂「實證主義」的範式，法律是由一系列規則組成的體

系。在沒有可以適用的規則，或者規則具有一定程度的模糊性或不確定性的情況下，法官享有自由裁量權，來填補這一法律空缺。

羅納德·德沃金對這一觀點的挑戰很有說服力，他否認了法律只能由規則組成。在規則之外(規則通過「要麼全有，要麼全無」的方式加以適用)還有其他不屬於規則的標準：「原則」和「政策」。與規則不同的是，它們具有「相當的份量或重要性」。一項「原則」是指「一項必須得到遵循的標準，並不是因為它可以促進或者保障一定的經濟、政治或者社會形態……而是因為它是正義、公正或者道德的其他層面的要求」。而一項「政策」是指「一項標準，它確立了一個既定目標，通常是某一社群中經濟、政治或者社會層面的進步」。當法官不能立即找到可以適用的規則時，或者根據既定的規則不能得出裁決結果時，他就要在互相衝突的原則之間加以權衡。這些原則並非規則，但它們並不因此就不能成為法律的一部分。在這種「難案」中，因為法官並不能夠訴諸個人經驗來作出裁決，所以與實證主義者的看法恰恰相反，法官並沒有真正的自由裁量權。總有一個正確的答案，而法官的任務就是(在「難案」中)找到它，通過權衡各種相互衝突的原則，並據此決定他所審理的案件中各方當事人的權利。

這種裁決模式明顯訴諸民主理論：法官們不參與

立法，他們僅僅是強制執行權利，而權利的主要內容已經由代議制立法機構在法律中規定。事實上，德沃金的論點源自對「界定並維護法律的自由主義理論」與「認真對待權利」的關注(這一點與實證主義者的觀點相反)。這一論點主要來自民主理論，德沃金之所以關注消滅強大的司法自由裁量權，其前提是法官有着令人不快的地方：法官通常是沒有經過選舉產生的官員，他們不對選民負責，但卻擁有立法權或者準立法權。

法院是最好的解決糾紛的場所嗎？法官們能夠真正做到公正客觀嗎？刑事審判的目的是什麼？有些法院——比如美國最高法院——是不是太政治化了？法官是否應當通過選舉產生？陪審制度是否有效而公正？本章將努力回答其中的一些問題。

法院是什麼？

人世紛爭無所不在，它們必然需要一個友好解決的平台。法院是所有法律體系的必備要件。法院對於特定的刑事、民事以及其他事務具有權力與權威——或者，用律師們的話說，具有「管轄權」。這使得它們的裁決(以強制力為最終後盾)被當事人當作權威來接受，但如果當事人並不信任庭上的職業法官具有獨立性和公正性，那麼他們將不會願意接受裁決。

法院會犯錯誤。法官難免受到人性脆弱之處的影響，所以有必要採取措施以糾正他們的錯誤。被錯誤

圖10　中世紀的法庭(約1450年)。

定罪的被告所遭受的明顯不公，可以通過賦予他上訴權加以糾正。同樣，民事案件中的敗訴方也可以基於法定理由，認為初審法院在解釋法律時存在錯誤。對更高一級的法院提起上訴，就需要等級制度來對「一審法院」和上訴法院的層級加以區分。有些初審法院只有一名法官與一個陪審團：陪審員們負責在法官的指導下發現事實，法官負責確定所適用的法律。這一組合構成了法庭的審判。在其他初審法院中，事實與法律都由法官加以確定。

普通法法域中的上訴法院負責審查初審法院或者低一級的上訴法院作出的判決。他們的任務通常限於考慮法律問題：比如，初審法院對法律的適用與解釋是否正確？通常他們不會審理有關事實問題的證據，但是如果有新證據出現的話，上訴法院可能會對其加以評估，以決定是否將該案件發回一審法院重新審理。

每個地方的法院都會遵循相應的程序，在有些國家，這些程序已經變得十分冗雜。在刑事審判中，因為法官作用的不同，這些程序也會相應具有較大的區別。普通法系國家採取了「對抗式」的制度，而大陸法系國家採取的則是「糾問式」或者「控告式」的制度。儘管它們之間的區別經常會被誇大，但是在一些基本的層面上，兩種途徑確實存在區別。普通法系的法官是公正的裁判，很少紆尊降貴地踏足爭議的塵土。而

圖11　穿着正式禮服的法國高級法官和法律官員。

大陸法系的法官在庭審中的角色則更加積極主動。

　　歐洲大陸的刑事預審法官直接介入了是否提起公訴的決定過程。這一職務起源於法國，歐洲其他一些國家，包括西班牙、希臘、瑞士、荷蘭、比利時與葡萄牙也採用該制度。預審法官經常被認為是介於檢察官與法官之間的角色，但是嚴格來説，這一説法並不準確，因為他並不決定是否提起公訴——這是由公訴人決定的事項，而預審法官完全獨立於檢察機構。他的主要責任，正如他的頭銜所暗示的那樣，是去調查所有對犯罪嫌疑人有利或者不利的證據，他有權力去審問犯罪嫌疑人。他還可以訊問受害人和證人，他可以去犯罪現場，參與驗屍過程。在調查過程中，他可

以批准拘留和保釋，並下令搜查和扣押證據。

必須指出的是，預審法官的工作並非決定案件的是非曲直，而是通過審查證據決定是否應當對犯罪嫌疑人提起公訴。如果他決定提起公訴，那麼案件會被轉移到另外一個與他毫無聯繫的初審法院，該法院並沒有義務遵循他已經作出的決定。因此，他的職能和普通法系的交付審判程序及美國的大陪審團有相似之處。以上兩個制度的設計目的都是為了審查證據，以決定案件是否可以提起公訴。大陪審團雖然處於法官的監督之下，但是它的運作是由公訴人來主持的。它具有傳喚證人以尋求對犯罪嫌疑人不利的證據的權力。

所有主要的法律體系都有各自的優點和缺點。人們普遍認為——尤其是普通法系的律師這樣認為——普通法系非常重視無罪推定的價值，它向檢察機構賦以沉重的舉證責任，要求它們必須證明案件已經「排除合理懷疑」。但這一點很成問題。法國法庭上的被告同佛羅里達的被告一樣，享有基本的重要權利和保護。所有的民主國家都確認了無罪推定這一原則。事實上，這是《歐洲人權公約》第6條的要求，它適用於歐洲委員會的46個成員國。

對於對抗制的批評不僅僅來自民事律師。刑事審判中偶爾發生的奇怪行徑(尤其是在美國)，對於普通法系律師來說也是尷尬的事。這一程序有時候會墮落到做戲的境地，律師濫用對抗程序，似乎完全忽視了整

圖12　宣佈被指控犯有謀殺罪的前美國橄欖球明星O.J. 辛普森無罪，引發了針對陪審制是否可靠的疑慮，尤其是在很多人認為DNA證據已經毫無疑問地確定了被告有罪的時候。

個制度的目的。這一點在高調的、通過電視轉播的名人審判中尤為明顯，拿着過高報酬的律師歇斯底里地對着攝像機和陪審團大加表演。許多民事律師也對普通法系刑事司法制度顯得有利於富人被告的方面大為震驚，富人能夠負擔得起龐大法律團隊的費用。對O.J. 辛普森和米高積遜(O. J. Simpson and Michael Jackson)的審判僅僅是最近發生的、最明顯的例子。

　　通常情況下，普通法的公訴是以政府、國家的名義(或者在英國，以王權的名義)對被告提出的指控或者控告。為了判定檢方的證據是否充分，在提起公訴之前，往往有一些初步審理程序。為了完成舉證責

任，檢方會傳喚證人，並提交對被告不利的證據。此時被告可以主張自己「無須答辯」。如果這一抗辯失敗了(這是通常情況)，被告將會提出證人和證據。證人將會被對方律師交叉詢問，但是被告自己擁有「沉默權」：他不需要發言來為自己抗辯，但是如果他決定作證，那麼他必須接受交叉詢問。在美國，這一權利受到憲法第五修正案的保護。然後是雙方發表結案陳詞。當有陪審團參加庭審時，法官會作出相應的指示，然後陪審員會在私密狀態下進行深思熟慮。有些法域要求陪審團作出全體意見一致的裁決，有些則只需要多數意見一致。

公正審理的權利

所有的人在法庭和裁判所前一律平等。在判定對任何人提出的任何刑事指控或確定他在一件訴訟案中的權利和義務時，每個人都有資格由一個依法設立的、合格的、獨立的和無偏倚的法庭進行公正的和公開的審訊。

《公民及政治權利國際公約》第十四條第一款[1]

判刑

如果被告被確定有罪，那麼他將會被判刑。這通常發生在法院知悉被告的犯罪前科(如果被告具有犯罪前科)及有關個人品行的其他相關信息之後。如果被告

1　譯文引自http://www.un.org/chinese/hr/issue/ccpr.htm。

有可能被判處監禁，關於被告個人背景的報告可能會被提交法庭：他的教育程度、家庭、工作經歷等等。心理報告或者醫療報告也可能會與證據一起被提交給法庭，包括證明他的正直無可指責的證人。這一切之後可能還會有動人的、請求減輕刑罰的辯護。被告的律師試圖說服法院，被告是殘酷命運和貧困人生的犧牲品：貧窮、受他人操縱、父母的撫養存在問題，以及受到其他超出被告控制能力的強大力量的影響；這些原因才應該為被告的犯罪負責。

當然，每一個法域都會有一系列不同的刑罰供初審法院適用。這些刑罰包括監禁、罰金、緩刑、社區服務，或者暫緩監禁(監禁被暫時中止，比如說，中止期限為兩年；如果他在兩年內再次違法，那麼原來的判刑可能會適用於被告)。

被定罪的被告總有權利向更高級別的法院提起上訴。這些法院不會再次開庭審理這個案件，而是詳細審查訴訟程序的記錄，以尋找任何可能使本案獲得重新審理的錯誤。在特定情況下，檢方如果認為某項刑罰過於寬鬆，可能會針對該判刑提起上訴。

民事審判

普通法系和大陸法系之間的區別，在民事審判中並不那麼明顯。法國法幾乎已經趨向於取消民事審判：由審前準備法官作出的深入的審前準備，已經讓

起訴和證據成為書面工作。律師只需要就法院已經獲得的證據材料提交摘要。需要進一步說明的是，法國民事審判的證明標準並不低於其刑事審判的證明標準。

在大陸法系國家，「普通」的法官只在「普通」的法院審理案件。[2] 大致而言，這些法院的管轄權包括適用民法典、商法典和刑法典以及上述法典的補充立法的案件。在法國的普通法院體系中，階層最高的法院是法國最高法院。它大概包括100名法官，法官們輪流組成六個專業法庭(五個民事庭，一個刑事庭)，在某些特定的情況下，他們可以組成混合庭或者法院審判合議庭。[3] 法國最高法院僅對於法律的解釋問題擁有自由裁量權。德國擁有一系列獨立的司法體系，每個體系都有最高法院。大多數大陸法系的制度都包含一系列擁有獨立管轄權的行政法院。

普通法系的民事審判同樣採取了對抗制。民事訴訟不是由政府或者王權發起的針對被告的訴訟，而是由受到侵害的原告起訴被告的訴訟。原告通常是為了獲得損害賠償，比如經濟賠償(因為侵權行為、違約行

2　法國有獨立的行政法院與憲法法院，「普通」法院是指審理民事、刑事案件的法院。後文中的法國最高法院(Cour de Cassation)是指對於民事、刑事案件具有終審權的最高法院。

3　法國最高法院的具體職能和介紹可見 ht t p://w w w. courdecassation. fr/documents_traduits_2850/20013_25991_2853/2786 1_38498_11984. html#i。

為或者其他民事違法行為)。雙方當事人都有權傳喚證人，證據規則與刑法審判的證據規則大體相同。但是，正如我們所見，一個非常重要的區別在於，刑事審判中的舉證責任是「排除合理懷疑」，而民事案件中的原告只需要證明他的案件「具有相對較高的蓋然性」[4]。

法官是什麼樣的人？

除了美國這一顯而易見的例外之外，普通法系的法官是從資深大律師中任命的，而歐洲大陸國家的法官是通過類似招考公務員的方式加以招募的。一般情況下，通過公開考試的方式，他們從大學中被直接招募，並不一定具備法律從業經驗。成功的候選人將被任命為這一職業階梯的最底層，職業訓練在司法系統內部完成，選拔基於個人實績。公開競爭被認為是保持職業立場以及司法獨立性的最有效的方法，它可以防止政治偏袒和裙帶關係，但是人們擔心，提拔中的歧視可能會擴大行政部門[5]的影響，從而損害司法獨立的精神。同時，通常情況下私人執業比當法官要有利可圖得多，所以，更有才華的法學院畢業生可能會不願意從事法官這一職業。

4　亦可理解為具有證據優勢。

5　原文為executive branch，相當於中文語境下平常所稱之「政府」。在本書的語境下，美國的government往往是指立法、行政、司法的結合，每一個職能被稱為一個branch(分支)。譯者在此參照「部門法」這一法律術語，將其譯為「部門」。

美國的情況則複雜得多。聯邦法院分為三個層級：最高法院、巡迴上訴法院與聯邦地區法院。根據美國憲法，總統有權提名，並與參議院一起任命所有這三個層級的法院的法官。在收到來自司法部與白宮行政工作人員的推薦之後，總統向參議院提名候選人。司法部對這些被提名的候選人加以篩選，之後由聯邦調查局對候選人開展調查，同時也會向美國律師協會就這些被提名人是否合適徵求意見。

　　白宮法律顧問辦公室同樣起着作用，它與司法部、參議院的議員一起，考慮來自眾議院議員、各州州長、律師協會以及其他機構的推薦。參議院司法委員會會審查這些候選人的資格。如果委員會拒絕了某一提名，它會請總統作出另一個提名。參議院司法委員會的提名將在參議院的執行會議中加以討論。沒有爭議的候選人將會得到一致同意。在1789年至2004年美國最高法院的154名被提名人中，只有34名沒有得到參議院的同意。然而，如果某一被提名人存在爭議，那麼爭論將會隨之而來。如果參議院司法委員會作出負面評價，結果將是參議院冷酷無情地拒絕這一候選人。成功通過以上程序的被提名人，將會得到總統的正式任命。[6]

6　對此問題感興趣的讀者可以參閱《美國最高法院通識讀本》(*The U.S. Supreme Court: A Very Short Introduction*)，何帆譯，譯林出版社，2013年7月第1版。

圖13　在大多數普通法系法域內，女法官相當罕見。比如，在英國，直到2005年才有了第一位被任命於上議院——英國的最高法院——的女性。在南非、加拿大、美國以及新西蘭的最高法院中，均有女法官審理案件。加拿大最高法院(如圖所示)於1982年迎來了它的第一位女法官，現在它的九位法官之中有三位是女性，包括它的首席大法官在內。

　　這個程序的冗長拖沓——包括參議員們的各種阻撓，以及這一制度可以預見的意識形態因素——給它帶來了相當多的批評。批評者認為這一程序削弱了司法的獨立性。贊成者認為，總統與參議院對聯邦司法體系的組成和立場作出了至關重要的、合法正當的制衡。在聯邦以外的層級上，美國有21個州的法官通過選舉產生。這一情況相當罕見，在其他任何普通法系或者大陸法系國家均未見同例。儘管這一制度可能對

民主主義者具有吸引力，但是它不可避免地將法官轉變成政客。為了保住職位，法官必然會尋求公眾情感和偏見的支持。雖然相形之下，選舉制度比無視法官能力、只管任命俯首帖耳的法官的腐敗政府作出的提名更為可取，但是幾乎沒有律師支持這一約翰・斯圖亞特・密爾所謂的「民主制度所犯下的最為危險的錯誤之一」。

對於司法任命方式的不滿，主要是針對被任命人的非民選性質(幾乎沒有女性或者少數族裔)。這種不滿導致了司法任命委員會的建立，該委員會致力於為這一程序帶來更多的透明與公正。司法任命委員會負有挑選人選之責。它存在於美國各州以及加拿大、蘇格蘭、南非、以色列、愛爾蘭以及其他一系列歐洲地區，包括英格蘭和威爾士——在英格蘭和威爾士，自從2006年之後，委員會作為獨立的、非政府的公眾機構行使職能。司法職位的申請人必須提供一份九頁紙的申請表，入圍的候選人會被面試。評估他們的標準有五個：智力、個人品質(忠誠度、獨立性、判斷力、決斷力、客觀程度、個人能力與學習的意願)、理解與公正處理事務的能力、權威性與溝通技巧，以及效率。

司法機構的政治

儘管美國憲法並未明確授予最高法院司法審查權，但是自從1803年的標誌性案件——馬伯里訴麥迪遜案*Marbury v Madison*——以來，美國最高法院一直宣稱，它有權廢止那些經它認定與憲法條款相衝突的法律。這一最為有力的司法審查形式，使通過任命產生的法官有權對經由民主程序頒佈的法律施加控制，即使這些法官是由參議院認可的。在這種控制中，通過宣佈各州制定的、範圍廣泛的、涉及各種事務(例如墮胎、避孕、種族與性別歧視、宗教自由、言論自由與集會自由)的法律違憲，美國最高法院促成了許多重大的社會與政治轉型。

在得到公眾廣泛支持的情況下，印度最高法院在社會、政治與經濟生活等一系列領域展示出高度的司法能動性，這些領域包括婚姻、環境、人權、土地改革，以及選舉法等。法官經常稱憲法是超越政治文件的，視其為「社會理念」的永恆宣言。這一理念浸透着平等主義價值觀，它代表着一種承諾：進行社會改革，以呼應那些曾激勵着憲法制定者的社會正義原則。印度最高法院引人注目的法理學特點在於公益訴訟的概念，在這一概念之下，貧困者也可以得到訴諸法院的機會。印度最高法院判決，對貧困者的法律救濟不應受到對抗制的限制。印度最高法院同樣對於印度憲法第二十一條作出了從寬解釋。該條規定：

「非依法定程序，不得剝奪任何人的生命或者個人自由。」這一從寬解釋造成了對個人實體權利的重大擴張。

根據廢止種族隔離制度之後的南非憲法，南非憲法法院有權解釋憲法。它依此作出了影響深遠的判決，包括宣佈死刑違法，維護居住權，堅持政府具有對家庭暴力提供有效救濟措施及維護平等權的憲法義務。

美國最高法院的權力體現了強有力的司法審查權。美國最高法院可以將它對於憲法的司法解釋加諸其他的政府部門[7]。其他較弱一些的司法審查形式則允許立法與行政部門有權拒絕這一判決，條件是公開拒絕。司法審查權逐漸被納入有些國家的憲法和法律之中(比如英國1998年的人權法案、新西蘭1990年的權利法案、加拿大1992年的權利與自由憲章)。

司法審查的批評者對於法官擁有的、凌駕於民主選舉產生的立法者之上的權力持有異議。但是即使我們的立法機構是真正的代議機構，那些支持立法機構能夠比法院更好地維護我們的權利的觀點，至少也是站不住腳的。這不僅是因為政府更迭以及黨派政治易受部門利益影響和易於妥協的問題已經臭名昭著，腐敗更不消說，而且是因為正是由於法官不需要以這種政治方式「擔負責任」，所以他們才是更為優秀的自

7　見本書第96頁注釋1。

由守護者。同時，基於司法的秉性、訓練、經驗，以及對以權利為基礎的各種觀點進行檢驗和爭辯的法庭，我認為，天平已經傾向於以司法方式而非以立法方式解決糾紛。事實上，我們也很難看到後者在實踐中的運作。當討論的權利已經明顯處於糾紛之中的時候，經選舉產生的國會議員們又能夠起什麼作用呢？

而且，不幸的是，很難證明大家對於立法者的信任是正確的。儘管爭論不時存在，但是某些基本的權利最好成為立法者的禁區，或者至少要處於黨派的日常權謀之外。如果沒有最高法院歷史性的布朗案判決（該判決認為白人小學生與黑人小學生的教育設施彼此隔離是一種「本質上的不平等」），非裔美國人的公民自由會更早一些得到承認嗎？與南非新的民主議會相比，南非憲法法院會更有可能保護人權嗎？難道歐洲人權法院（位於斯特拉斯堡，負責審理有關國家違反歐洲《保護人權與基本自由公約》成員國義務的投訴）沒有推動某些國家——比如說，英國——的公民自由嗎？這一法院經常作出對英國政府不利的裁決，要求其修改一系列涉及受上述公約保護的權利（包括隱私權、免受肉刑的權利，以及精神病人的權利等）的國內立法。

有偏見的法官？

近年來，對於特定司法行為的合法性——有時甚至是誠實程度——的抱怨聲浪漸起。政治保守主義者指責法官正在凌駕於人民的意志之上，而人民的意志已經體現在涉及墮胎、同性戀權利、平權行動、宗教以及其他主題的法律和直接投票之中。政治自由主義者則指責對女性的偏見、不檢點的性行為、對少數人權利的嚴苛，以及保守政治觀點深重的壓力與影響。兩邊都在指責……罔顧人民的意見和通過打破任期限制的方式來保護職業政客的行為。各方——甚至高薪的公司律師——都在指責初審法院法官專橫獨斷的常見行為。法官濫用法官地位，甚至接受賄賂的行為也不時為公眾所知。此外，34年作為法學教授與律師的經驗告訴我，還有另外一個普遍存在的問題：法官有太多的時候不願意聽取事實或者理由。他們開始時即持有嚴重偏向於一方當事人的偏見——當然，他們一定會拒絕承認——然後就對和他們的偏見相反的事實及相應的說理視而不見……當法官出於他們已經形成的偏見，忽略事實甚至虛構出想像中的反事實時，他們已經摧毀了司法制度的核心宗旨：基於事實而非偏見對案件加以裁決。他們同樣……摧毀了對於司法制度的信任……事先形成的司法偏見、隨之而來的對事實的視而不見、反事實的司法虛構，以及相應而生的一系列問題，位於當今司法制度最嚴重的問題之列。如果法官不再忽視事實以加強他們自身的偏見，那麼這將有益於司法制度，使得法律不再成為空頭許諾，也將有助於市民維持對於法律的信心。

Professor Lawrence R. Valvel, 'A Rebuke of Modern Judicial Practices' (2005) *Judicial Accountability Initiative Law News Journal*

由陪審團進行的審判

在刑事程序中，由「同等的人」組成陪審團進行審判的理念，常被視為普通法制度的基本信條。有些大陸法系法域也同樣採用陪審團來決定被告是否有罪。比如法國的法官就與陪審團一起審理案件，陪審團同樣參與決定加諸被告的刑罰。

對於在什麼樣的案件中使用陪審團，各個法域的規定並不相同。有些法域限於在刑事審判中使用陪審團，在民事審判中則不使用(比如法國)；有些法域在審判嚴重犯罪案件時使用陪審團(比如加拿大)；而另外一些法域(比如英格蘭與威爾士)則在刑事審判及一些特殊的民事審判(比如誹謗)中使用陪審團。

美國的陪審團審判最為典型，刑事與民事訴訟程序中均使用陪審團。超過60%的陪審團審判是在刑事案件中，其餘的為民事審判以及其他類型的審判，比如家事法庭訴訟程序。

陪審團審判諸多被誇大的優點之一是，它在一定程度上可以制約法官的權力和影響。有觀點認為，通過讓普通市民(通常是12名)參與司法進程，社會的價值觀念可以得到表達。同時，在判斷被告是否有罪的時候，與一名法官相比，一組隨機挑選的外行是更為民主的裁決者；相形之下，法官往往被認為是公權力的代言人(不管這種看法正確與否)。

然而，對於陪審團的批評則通常表達了對以下事

「我們認定被告有罪。我是說，沒罪的話，為啥他去請了城裏最好的律師啊？」

圖14　陪審團可能會受到證據之外的事實的影響。

實的不安：與法官不同的是，陪審團並不需要給出裁決的理由，這就給情感與偏見打開了大門，特別是當案件可能涉及被告的種族因素的時候(例如聲名狼藉的羅德尼‧金(Rodney King)案件，它的後果是災難性的，詳見下面的方框)。陪審員是否普遍具備理解複雜的科學證據或者其他技術證據的能力，這一點也一直飽受質疑。比如複雜的商業案件將會產生數量龐大

的、高度專業化的信息。這也使得英國及其他法域提出了爭議性的提議，要求在這些案件中廢除陪審團。

種族，羅德尼·金——
以及，一個充滿偏見的陪審團？

1991年，在洛杉磯，數輛警車追逐着羅德尼·金(Rodney G. King)，一位被指超速的搶劫假釋犯。在追逐中金闖了若干次紅燈，最終被逼停。車中的兩名乘客遵守了警察的要求走出車外，在經過可以忽略不計的抵抗之後，他們被制服了，但是金明顯拒絕遵從警察的指示，並因此受到了身體強制。他被手持金屬警棍的警察們毆打了56次，至少被踢了六次，並被電子泰瑟眩暈槍擊中了。三名洛杉磯警察實施了毆打行為，他們聲稱這是一名警官的指示。另外有23名執法人員在場，他們看到了襲擊過程，但是沒有作出任何努力來阻止這一行為。一些旁觀者同樣證明了這一毆打行為，其中一名旁觀者還錄下了這一事故。金受了重傷，包括頭骨骨折以及部分面部神經受損。

陪審團(包括10名白人，一名西班牙裔人，一名亞裔人)將被告無罪釋放。在陪審團作出裁決後的幾個小時內，洛杉磯爆發了暴亂。當暴亂結束時，54人死亡，超過7000人被捕，數億美元的財產遭到毀壞。

儘管此後有些警察被控侵犯了金的憲法權利，且因此被聯邦法院定罪並處以監禁，但沒有一個起訴特地提到了種族動機。事實上，只是在聯邦法院的審判中，金才第一次出庭作證，證明他受到了警察的種族虐待，但是他之後又承認，他並不確定事實是否真的如此。

替代性爭端解決方案

長久以來，批評者表達着對於以法院為中心的糾紛解決方法的不滿。他們認為，除了其他問題之外，這一方法是不公正的、過度形式化的和排外的。

在美國，擁護替代性爭端解決方案(ADR)的運動一度盛行，這項運動「出於人性、社群主義與社會福祉的考量……拒絕非人化、物化、法庭儀式帶來的距離感，以及對於法律職業人士的依賴」。他們提倡更加友好的、對抗性更少的程序。這一運動推動了以立法形式鼓勵使用非司法性質的仲裁，尤其是在解決涉及國際因素的商業糾紛的時候。

各方當事人將糾紛提交一名或多名仲裁員，並同意仲裁員的決定(稱為「裁決」)對於各方均具備約束力。ADR的優點被認為是速度快、成本低、靈活性強，並且專業仲裁員的技術性很強。但是拖延也並不少見，而且各方當事人需要向仲裁員支付報酬，成本可能會因此增加。在有些法域內，強制執行仲裁裁決會比較麻煩。

訴訟：易怒好鬥的美國與善於交際的英國

儘管美國看起來比任何歐洲大陸國家都更像英國，但其實，美國人的國民性與英國人的相對立。恭謹順從、相信宿命、自我克制和缺乏進取精神，是大家最不會歸結於美國人的個性。訴訟從某種意義上講是場戰鬥，美國人就是戰士，而足球場之外的當代英國人並非如此……國民性格可能並非原因，而是結果，法律制度的特徵也可能僅僅是同樣的原因所導致的結果；或者，更現實地說，是同樣的複雜成因所導致的結果。美國在人身和社會階層上的高度流動性、美國人民的移民起源、美國在種族和民族上的異質性，以及美國人民所擁有的財富和閑適等因素，可能是美國人民易怒好鬥和個人主義性格的成因。而且，這也是對於解決糾紛的司法程序存在大量需求的獨立原因。一個更加靜態的、統一的、緊密結合的社會可能糾紛較少——因為人們更能理解他人，或者因為人們彼此之間關係存續及未來相遇的可能性更大，以致大家盡量避免衝突——或者，也可能擁有更好的非正式解決糾紛的方式……

Richard A. Posner, *Law and Legal Theory in England and America* (Clarendon Press, 1996), pp. 109–10

第五章
律師

　　律師是一個發達的法律制度中必不可少的角色，即使他們也許並不受人喜愛。他們常受到貶損、嘲笑和毀謗。許多關於律師的笑話中的幽默元素，來自它們對律師的唯利是圖、不誠實和麻木不仁的攻擊。一個笑話是：「你怎麼知道律師在說謊？」答案是：「他的嘴皮子在動呢。」另外一個笑話諷刺地哀嘆：「怎麼99%的律師都在敗壞這個職業的名聲，這是不是太丟人了？」馬克・吐溫(Mark Twain)則因為這句俏皮話而聲名遠播：「有趣的是，近來罪犯的人數大有增長，律師也是，不過我說重複了。」

　　大多數國家裏，這種厭惡來自對法律職業的合理不滿和誤解，試圖解釋這種厭惡並沒有什麼意義。當然這是個事實：和房產中介一樣，律師得不到什麼喜愛。但是，獨立的律師行業是法治至關重要的組成部分。如果沒有律師為公民提供充分的代理服務，法律制度的理念只是空洞的迴響。通過在刑事案件中提供法律援助的方式，大多數法域承認了這一觀點。舉例來說，法律援助是歐洲人權公約第六條所確認的權

圖15 阿提庫斯‧芬奇：根據小說《殺死一隻模仿鳥》製作的同名電影中的英雄律師，由格利高里‧派克飾演。芬奇為一位黑人被告作了並不成功的辯護，這位被告被控強姦白人女性。許多美國律師聲稱，這一角色激勵了他們從事律師職業。

利。它要求被告應當具有法律顧問，如果他們自己請不起律師，那麼應當給他們免費提供一名律師。

　　好萊塢在無止境的電視劇集中不停重複的、對英雄式律師的塑造——充滿激情、雄辯滔滔地為客戶追求正義——其實與律師的現實生活相去甚遠。出庭辯護雖然很重要，但它只是律師工作中的一小部分。大多數律師每日忙於起草文件(合同、信託、遺囑和其他文件)，向客戶提出建議，進行談判，轉讓財產，以及從事其他不那麼迷人的工作。儘管大多數律師從來沒有踏進過法庭一步，律師工作的精華依然在於代表客戶進行戰鬥。在這樣的戰役中，言辭或書面形式的辯護技巧

至關重要。法律經常是戰爭，而律師則是戰士。

普通法律師

對於很多人來說，英國的法律職業，以及在前英聯邦國家的普通法法域中存在的變種，看起來有些奇異——怪異誇張和古董級的假髮、長袍，以及刻板嚴格的稱呼方式。儘管有些普通法系國家已經去除了這些奇怪的、古舊的特徵，但是它們仍然引人矚目地持續出現在人們面前，尤其是在英格蘭。在執業者和公眾中進行的民意測驗並沒有得出一致的結果。假髮仍然會牢牢地戴在許多大律師和法官的頭上，至少還要戴上一段時間。

豪華假髮

先生：當然，法律職業的假髮不合時宜。但是圓頂小帽、主教法冠、四角帽、熊皮帽、學位帽以及其他儀式性頭飾也是如此。我認為假髮的好處在於模糊身份和掩飾老朽之處，這一點已經見諸報端。然而，它真正的重要性在於傳承。對於像我這樣的家事律師來說，它是一根連續不斷的金線，可以追溯到1857年偉大的法典與盧欣頓博士之前，直到奇妙的18世紀家庭法領域。不管我是在倫敦的上訴法院出庭，在開曼群島的上訴法院出庭，還是在中國香港的上訴法院出庭，法院仍然有着佩戴假髮進行審理的傳統。就我所知，此地尚未作出在民事上訴案件中廢除假髮的決定，而且我反對任何這樣的提議。

Nicholas Mostyn QC, Temple, London EC4. Letters, *The Spectator*, 23 June 2007

當然，普通法法律職業的起源已經與英國的歷史交織在一起，因此合乎邏輯並不必然是它存在的合理理由。律師主要被劃分為兩大類別：大律師與事務律師。大律師(經常被稱為「法律顧問」)只佔法律職業群體的一小部分(在大多數法域內為10%左右)，而且不論正確與否，大律師被視為法律職業者中更為優越的一支，他們自己尤其這麼認為。近年來，相當徹底的變化正在發生，很多變化逐漸取消了大律師們的特權。在很大程度上，對於日益高漲的法律服務費用的政治焦慮引發了這些改革，而這種高漲是由大律師們的限制性商業慣例所導致的。

大律師與他們「潛在的客戶」之間，只存在最低程度的直接接觸。事務律師向大律師進行「情況彙報」，而且通常的要求是，大律師在會見客戶或者與客戶面談時，事務律師必須在場。但是對於某些職業會有例外，比如會計師與鑒定人可以在事務律師不在場的情況下與大律師會面。不過，所有的交易都必須通過事務律師來完成，他們負責支付大律師的相關費用。

英國的大律師被四個律師公會之一授予大律師資格。自從16世紀以來，這四個古老的機構就控制着這一職業分支的准入。與這一職業中絕大多數的事務律師不同，大律師擁有完整的出庭權利，他們可以在任何一級法院出庭。一般來說，事務律師只有在級別較

圖16　儘管大律師的服飾經常被人嘲笑是古怪而過時的,但是在數個普通法法域內,大律師始終堅持使用已經穿戴了數世紀之久的假髮和長袍。這一持續的傳統在此有圖為證:一位「穿上了絲袍」的香港資深大律師,戴上了儀式性的長假髮,穿上了絲袍。

低的法院才有出庭的權利，但是近年來，這一態勢已經有所改變。有些具有「出庭事務律師」資格的事務律師，可以代表他們的客戶在級別較高的法院出庭。傳統的分隔制度正在逐漸瓦解。但是，兩類律師之間仍然存在着兩大明顯區別。第一，大律師總是直接接受事務律師的指令，而非從客戶那裏獲得指令，客戶直接接觸的仍然是事務律師。第二，與事務律師不同，大律師獨立執業，並且被禁止合夥。相反，大律師通常組成一個個大律師事務所，藉以共享資源、平攤費用。但是現在，大律師也可以為事務律師的事務所、公司或者其他機構所僱用，成為內部法律顧問。

其他的轉型也在發生。比如，大律師現在可以為他們的服務和費用作廣告——迄今為止，這是不能想像的商業侵蝕。他們的執業地點也不僅限於大律師事務所，在成為律師三年之後，他們可以在家裏工作。

這種分裂的職業一直為不少人所攻擊。為什麼客戶實際上要向兩位律師支付律師費，而在美國這樣的地方，支付一份律師費就可以了呢？這個問題有其合理之處。加拿大所採取的融合兩個分支的做法(魁北克地區除外)，得到了一系列回應。支持維持現狀的人聲稱，獨立的大律師可以對客戶的案件提供超然的專家意見，而且事務律師，尤其是來自小型律師事務所的事務律師專業化程度往往不足。通過利用大律師的一系列專業技巧，小型律師事務所的事務律師也可以和

擁有大量專家的大型律師事務所相抗衡。

在數個普通法法域內，執業者合二為一。美國的律師職業就沒有上述區別，所有的執業者都被稱為律師。任何通過州律師資格考試的人都可以在本州的法院出庭，有些州的上訴法院要求律師獲得有資格在本院提起上訴與執業的證書。為了在聯邦法院出庭，律師必須獲得成為該法院大律師的特別許可。在南澳大利亞州、西澳大利亞州和新西蘭，這一職業融合也同樣存在。

在有些普通法系國家(但令人驚訝的是，美國不在其列)，律師最基本的一項職業守則是「不得拒聘」。根據這一守則，「如對方支付合理的費用，律師則無權拒絕在自身業務領域內執業，無論客戶或客戶的觀點多麼不受歡迎或令人不悅」。在通常情況下，出租車司機有義務讓任何乘客搭乘，大律師也必須接受任何訴訟摘要[1]，除非他有合理理由加以拒絕，比如這一法律領域超出了他的專長或者經驗，又或者他的工作任務讓他無法為這一案件投入足夠的時間。如果沒有這一守則，律師也許會不願意代理那些令人厭惡、不道德或者惡毒的被控客戶，比如犯下類似猥褻兒童這

---

[1] 指事務律師為大律師代理當事人出庭而準備的簡要的說明性文件，通常包括案件事實敘述及適用的相關法律，並附有律師意見、重要文書的副本、正式訴狀、證人證詞等。詳見《元照英美法詞典》的brief詞條。

樣的可憎罪行的人。但是在實踐中，大律師不難找到理由拒接訴訟摘要。除了案件涉及超出他們能力的法律領域，人為因素也一直存在：與那些棘手難纏的或者毫無希望的案件的訴訟摘要相比，有利可圖的訴訟摘要更容易讓他們擠出時間。不過這一守則代表着對於職業責任的堅定聲明，並強調了律師作為「受僱槍手」的角色。他會毫無畏懼地代理任何客戶，無論他們案件的是非曲直為何。

挑肥揀瘦

在法律職業中，我們擁有一群聲望卓著、深具影響的執業者；他們的存在本應確保法律作出的、人人都能享受正義的承諾得以實現，但是他們最有利可圖的工作，一直是處理富人的問題，而非接手窮人的案件……然而歸根結底，考慮到法律職業的焦點通常集中於對財產的管理和保護，那麼法律職業中商事類與「財產」類的工作獨具魅力，也是可以理解的。因此，這一現象的成因主要在於法律本身重視中產階層與中等偏上階層的問題，並不惜以窮人的利益為代價，而非律師有意如此……

Phil Harris, *Introduction to Law*, 7th edn (Cambridge University Press, 2007), p. 444

　　普通法系律師職業訓練中的突出特點，是它類似學徒制的訓練方式(見下文)。事實上，直到19世紀晚

期，英國的大學才開始教授法律。而美國、加拿大、澳大利亞和新西蘭的大學開始有大規模的法學教育，得等到20世紀，儘管有些大學在此之前已經建立了法學院(較為著名的是1817年建立的哈佛法學院)。

大陸法系律師

　　大陸法系國家的律師與他們普通法系的同行之間，存在着根本的區別。事實上，在主要的大陸法系法域內，比如歐洲、拉丁美洲、日本和斯堪的納維亞半島，法律職業這一概念本身就是個疑問。用這一領域內一位泰斗的話來說：「普通法系中俗稱為『律師』的這一概念，在歐洲的語言裏找不到對應的詞彙⋯⋯」大陸法系法域承認兩種法律職業：法律專家與私人執業者。前者包括法學院畢業生；而與普通法系國家中律師的地位並不相同的是，後者並不代表法律職業的核心，甚至剛好相反。「法學院畢業生的其他分支在歷史上、數量上和理念上，都處於較為優越的地位，包括司法官員(法官和檢察官)⋯⋯公務員、法學教授，以及受僱於工商企業的律師。」

　　大陸法系國家的法學院學生通常在畢業之後決定他們的未來。而且，因為行業內部的流動性相對有限，在很多法域內，這一選擇是不可更改的。他們可能選擇成為法官、公訴人、政府律師、律師或者公證人。因此，私人執業者大致可以分為法律顧問和公證

人兩類。前者直接與客戶接觸，並代理他們出庭。從法學院畢業後，法律顧問通常跟從有經驗的律師，經過數年的學徒生涯之後，才開始逐漸獨立執業，或者在小型律師事務所執業。

成為公證人通常需要通過國家考試。公證人起草法律文件，比如遺囑和合同，在法律程序中對這些文件加以認證，並保管這些文件的認證記錄，或提供副本。政府律師或者作為公訴人，或者作為政府機構的律師。公訴人履行雙重職能：在刑事案件中，他代表政府一方為案件作準備；在特定的民事案件中，他代表公共利益。

與普通法系國家的情況相比，在大多數大陸法系法域中，國家在律師的訓練、資格准入和就業方面起到了相當重要的作用。與普通法系國家的傳統做法(律師通過從事學徒工作而取得資格)不同，國家控制着它準備僱用的法律專家的人數，而大學則是通往私人執業的准入資格的必經之路。

在法律教育的組織方面，兩大法系存在着重大區別。大致而言，在大多數普通法系法域(英格蘭和中國香港是明顯的例外)中，法律是一個研究生學位；在澳大利亞、新西蘭和加拿大，法律可能和另外一個學科的本科學位捆綁在一起。而在大陸法系國家，法律教育是本科課程。在普通法系法域內，法律教育的課程受到法律職業的有力影響；而在大陸法系法域內，國

家在這一領域中處於主導地位。在大多數普通法系國家裏，資格考試由法律職業自身管理；鑒於大學處於守門人的地位，進一步的考試通常是多餘的，有個法律學位已經足夠了。

在普通法系國家，大學的守門人功能逐漸被私人執業者的學徒制所取代。因此，舉例來說，一位有追求的大律師必須通過資格考試，才能獲得大律師資格。為了能夠執業，他必須在大律師事務所裏從事兩期實習工作，每期的時間為半年。在指導律師(較資深的大律師)的指導下，實習律師參與會見事務律師，參加庭審，協助案件準備工作，起草意見，以及參與其他事務。實習律師通常沒有薪水，但是現在他們可能會得到資助，以保證收入達到固定水平。在第二期為期半年的實習工作中，實習律師可以在限定範圍內執業，並在權限內接受指示。大律師之外的私人執業律師以律師事務所成員的身份工作。律師事務所的規模不等，可以只有一名律師，也可以由數百名律師組成超級大型的律師事務所。

行業管理

律師協會、大律師理事會以及事務律師協會，與其他為數眾多的機構一起，負責普通法律師的准入、批准、教育和管理。大陸法系則更喜歡用「辯護律師」這一術語(它更準確地描述了他們的主要職能，而

相對應的機構則被稱為大律師事務所、律師協會、律師學會或者辯護律師學院)。儘管名稱不同，但是這些機構共有的職責均在於限制執業律師的人數，並維持他們的壟斷地位。

在有些法域(特別是一些較小的法域，比如比利時和新西蘭)之中，律師的准入與管理適用全國統一的標準。聯邦制國家(比如美國、加拿大、澳大利亞和德國)則不可避免地以省或州為單位進行管理。在意大利，律師的准入以大區[2]為單位。

法庭上的律師

律師已經將這個案件扭曲得極為複雜，案件原本的是非曲直早已從這個世界上消失。這個案件本來是關於遺囑和基於遺囑的信託的——或者說，它曾經是這樣。而現在，除了費用之外，它和什麼都不相干。我們一直不停地出庭，退庭，宣誓，質詢，提交文件，提交反駁文件，辯論，蓋章，提出動議，援引文件，彙報情況，圍著大法官和他的下屬們團團轉；為了那些費用，我們會用衡平法將自己折磨至死。費用才是最重要的問題。而其餘的問題，憑藉某些非凡的手段，早已消失殆盡。

Charles Dickens, *Bleak House*, Chapter VIII

2　意大利分為20個大區，大區相當於我國的省。較為著名的有皮埃蒙特大區、倫巴底大區、托斯卡納大區等。

在有些國家，律師管理由司法機構負責，在其羽翼之下存在着獨立的法律職業；而在另外一些法域內，尤其是在大陸法系國家，律師則服從於司法部這樣的政府部門的控制。

法律援助

很多社會為無力支付律師費用的人提供法律援助。如果不能向窮人提供免費的法律建議和法律援助(特別是在刑事案件中)，訴諸司法的權利就相當於不存在。即使在民事訴訟中，如果富有的被告或者國家起訴貧窮的被告，最基本的公平原則也會被削弱。任何法律面前人人平等的表象都將因此而碎裂。通常情況下，無論是對於國家還是對於尋求法律援助的個人來說，相關費用的分配會傾向於援助那些受到刑事指控的人，但是有些法域也對民事訴訟提供免費的法律援助。有些法律援助制度提供的律師的工作就是專門代理那些符合法律援助資格的貧窮的當事人。另外一些制度則指定私人執業律師來代理這些當事人。

「我認為，你的最佳選擇是先認罪再越獄。」

圖17 律師們只能為他們的當事人做這麼多了。

吉迪恩有得到代理的權利

吉迪恩在佛羅里達州被起訴，理由是他破壞並進入了一個枱球室，並意圖行為不軌。吉迪恩出庭了，他沒有錢，也沒有律師。他要求法庭給他指定一名律師。以下對話因此而發生：

法庭：吉迪恩先生，我很抱歉，但是在本案中，我不能為你指定一名代理律師。根據佛羅里達州的法律，只有在被告被控犯有嚴重罪行的情況下，法庭才可以為被告指定一名代理律師。我很抱歉，但是我不得不拒絕指定一名代理律師在本案中為你辯護的請求。

吉迪恩：美國最高法院說，我有權獲得一名代理律師。

吉迪恩為他自己進行了辯護。他被判處有罪，並獲刑五年監禁。然後他提起了上訴，理由是一審法院拒絕為他指定律師，相當於拒絕給予他「憲法與美國政府的人權法案所賦予的」權利。州上訴法院駁回了他的上訴。在牢房裏，吉迪恩向美國最高法院提起上訴，理由是法庭拒絕為他提供代理律師，致使他根據美國憲法第十四修正案所享有的權利，在未經正當法律程序的情況下受到了侵犯。他被指派了一名傑出的律師艾比·福塔斯(之後被任命為最高法院的法官)。法院判稱，獲得律師的幫助是一項基本權利，這對於公正的審判來說非常重要，並據此強調了正當法律程序所需要的程序保障。被告的財力或教育水平，應當與他能否獲得代理律師無關。這一案件被發回佛羅里達州最高法院重新審理，且「此後的審理不得與本判決不一致」。吉迪恩被重新審理，這次他有了代理律師，並被無罪開釋。

第六章
法律的未來

　　法律就像戰爭一樣，似乎是人類社會不可避免的。但是法律的未來是什麼？可以肯定的是，法律一直處於變動狀態。著名的美國最高法院大法官本傑明・卡多佐，對這一現象作出了恰如其份的描述：

> 現有的規則和原則可以確定我們現在的處所，我們的方位，我們的經緯度。但庇護我們度過長夜的旅館並非旅行的終點。法律如同旅人，須為次日作好準備。發展是法律必備的原則。

這是一個飛速改變的世界，如果法律準備充分應對它所面臨的新威脅與新挑戰，那麼它因此受到的發展和適應的壓力，將比以往任何時代都要大。毫無疑問，在過去的50年內，法律的特徵已經經歷了深刻的變化，然而關於它的未來，仍然爭議不斷。有人認為法律正在垂死掙扎，也有人提出相反的預測，指出了法律具有持久力量的無數跡象。哪一種說法是對的？令人好奇的是，兩種觀點都有一定的道理。

一方面，儘管有關「法律已死」的報告誇大其辭，但也有充分證據證明，很多先進的法律制度存在弱點，症狀包括法律的私有化(案件和解、辯訴交易、替代性爭端解決機制、擁有廣泛自由裁量權的監管機構大規模的崛起，以及法治在數個國家中的衰退)。另一方面，法律所扮演的角色已經發生了革命性的轉變，這意味着法律既富有彈性，又相當穩固。這一轉型既包括法律為了追求效率、社會正義或者其他的政治目標，向私人領域的延伸，也包括法律的全球化，以及通過聯合國、地區組織與歐盟而得以實現的國際化，更包括技術對法律產生的巨大影響。

　　本章旨在揭示當代社會發生的一些重大變化，並闡述這些變化給法律帶來的艱巨挑戰。

法律與變化

　　為了給法律發展的進程列出時間表，人們作出了很多努力。法律史學者們致力於確定法律進化的中心特徵，從而沿着這一連續的時間軸，對不同的社會加以定位。19世紀末，傑出的學者亨利·梅因(Sir Henry Maine)認為，法律與社會已經實現了「從身份到契約的過渡」。換言之，在古代社會，個人因其身份而與各種傳統集體緊密相連；而在現代社會，個人被認為具有自主性，可以與他們選擇的任何人自由地締結合同和組成社團。

但是有些人在這一運動中看到了逆轉。在很多情況下，合同自由只是表象，而非事實。比如，在面對電訊、電力或者其他公用設施的格式合同(或者附合合同)時，消費者能有多少選擇呢？當跨國公司作為僱主提供一份工作，並給出格式合同時，試圖針對合同條款討價還價的僱員又在哪裏呢？確實，很多先進的法律制度通過各種形式的保護消費者立法，爭取提高個人在交易中的地位。但這只不過是輕量級選手踏上重量級選手的拳擊場，結果如何，幾乎毫無疑問。是不是「身份」以消費者或者僱員的形式回歸了呢？

　　法律制度的發展同樣考驗着社會學理論專家們的思維。馬克斯·韋伯(Max Weber)的思想對思考法律及其發展有着強大的影響。他以不同門類的法律理論為基礎，發展出了法律的「類型論」。這一理論的核心是「理性」思想。他區分了「形式制度」與「實體制度」。這種區分的核心問題是，一種制度在多大程度上能夠實現「內部自我維繫」，即該制度在多大程度上具備作出判決所需要的規則和程序。其次，他區分了「理性」與「非理性」的制度。這一區分描述了法律規則和法律程序適用的方式。如果法律命題構成了邏輯清楚、內在一致的規則體系，囊括了所有能夠想像得到的事實或者情況，那麼它就達到了最高程度的理性。

　　韋伯舉了一種形式非理性的法律制度的一個實

例，即神裁現象。它通過訴諸某種神秘力量來決定某人是否有罪。而一種實體非理性的法律制度可能是由法官完全根據他自己的個人意見來判案，而不適用任何規則。韋伯認為，如果法官適用的不是規則，而是道德原則或者正義理念的話，他的裁決則是實體理性的。最後，如果法官遵循由法律規則與原則構成的規則體系，那麼這一制度就構成了形式邏輯意義上的法律理性。這就接近了韋伯的法律演化進程理論中的理想模型。[1]

但是在很多社會裏，韋伯這種理性的、廣泛全面的、連貫一致的法律制度模式，被急劇加強的行政控制削弱了。行政機構的管轄權已經有了驚人的擴張，它們通常是法令的產物，擁有着廣泛的自由裁量權。在有些情況下，這些機構的自由裁量權明確地免受司法審查。

比如，在多個歐洲國家，前國有行業的私營化(比如電力行業和通信行業)催生了一批監管機構，它們有

1　韋伯所稱的「形式」，是指社會根據一般的、抽象的法律規則來處理案件，且這些法律規則是獨立、自我維繫或自給自足的體系。「實體」則是指社會根據道德、政治、個人意志等可變標準對案件進行個案處理。「非理性」是指處理案件的標準和原則並不確定。據此，韋伯將法律制度分為四個類型：實體理性、實體非理性、形式非理性和形式理性。韋伯對於法律的形式性極為重視，認為這種由法律規則、命題、概念等構成的系統體系，可以對法律進行形式邏輯的分析，從而使法律的準確性、可預測性得到最大化。更具體的描述可參見馬克斯·韋伯的《論經濟與社會中的法律》，張乃根譯，中國大百科全書出版社，1998年版。

權進行調查、制定規則和罰款。普通的法院被邊緣化了，法律自身的作用也因此而扭曲。這種發展代表着對法院權威性和開放性的威脅。而且，自由裁量權的擴張，削弱了法治對於遵守清晰規定個人權利和責任的規則的堅持。這種具備自由裁量性質的監管接近於韋伯的實體法律理性的概念，而法治理念則代表了形式法律理性的概念。

在更為激進的關於法律發展的理論中，馬克思主義理論認為，法律最終必將全面消亡。這一預測建立在歷史決定論思想的基礎之上：依據不可阻擋的歷史力量來解釋社會演化。馬克思和恩格斯提出了「辯證唯物主義」理論，根據以下理論來解釋歷史的進程：先是一方與其對立面(或者反面)各自發展，然後，通過接踵而至的衝突，矛盾的兩面得到了統一。馬克思認為，每一個經濟發展階段都有其對應的階級制度。例如，在手工作坊生產階段，存在着封建階級制度。在蒸汽工廠生產得到發展之後，資本主義制度取代了封建制度。階級是由生產資料決定的，因此，一個人的階級取決於他與生產資料之間的關係。馬克思的「歷史唯物主義」基於物質生產資料是確定的這一事實，這在部分程度上是辯證的，因為他看到了兩個互有敵意的階級之間不可避免的衝突。革命終將發生，因為資本主義生產模式以個人所有權與未經計劃的競爭為基礎，這一點與工廠的勞動生產中日益增長的非個人

化、社會化特徵截然相反。他預測，工人階級將會掌握生產資料，並建立起無產階級專政；然後這一專政將會被無產階級的共產主義社會所取代，在共產主義社會裏，法律最終將會消亡。因為法律是階級壓迫的工具，在不存在階級的社會裏，它是多餘的。這一論點的精神暗含在馬克思的早期論著之中，然後由列寧加以重述。該論點更加成熟的版本則宣稱，在無產階級革命之後，資產階級政府終將被清除，並為無產階級專政所取代。在反革命抵抗被擊敗之後，社會將不再需要法律或者政府，它們都將「逐漸消亡」。

不管採取什麼樣的理論來解釋法律變化的方式和形式，我們都不可能否認，法律的未來將會被大量棘手難題所困擾。最大的困難在哪裏呢？

來自內部的挑戰

除了官僚管制及由此產生的恣意的自由裁量權(如上所述)之外，所有地方的法律制度還需要面對一系列棘手的問題。有些問題我們已經在第二章中提及。最為顯而易見的問題之一是所謂的「反恐戰爭」。我們無須任何洞察力也能意識到，在近十年內，許多法律制度正面臨着一系列考驗其核心價值的問題。當自由社會必須對抗削弱其根基的威脅時，它將如何調整自己對於自由的承諾？絕對的安全固然無法實現，但即使是對於恐怖主義較為溫和的防範，也有它的代價。

圖18　閉路電視攝像頭監視着很多城市的街道。

任何一位搭乘飛機的乘客都能意識到，現今的安檢制度不可避免地造成了延遲和不便。但是，儘管我們不可能完全預防犯罪，現代技術確實為我們提供了異常成功的工具，用於阻嚇與逮捕罪犯。比如閉路電視攝像頭可以監測到非法活動，其記錄為檢察官在法庭上指證被錄下的壞人提供了有力的證據。法律應該在多大程度上容忍這樣的監視呢？我們來一起思考下面的例子，它將有助於闡述這種困難和對互相對立的權利進行的無法避免的權衡，這也是現代法律制度的顯著特徵。

> 我喜歡我的車。它沒什麼特別的，但是它銀色的車身讓我覺得很愉快。或者說，它曾經讓我很愉快。幾天前，當我準備鎖上車門時，我注意到了沿着車的側面有條深深的劃痕。一把鑰匙，或者一把螺絲起子，曾經刮過它的金屬表面。在引擎蓋上也有條差不多的劃痕。我憤怒極了。和電影裏的角色一樣，我抱着渺茫的希望巡視四週，看看能不能找到這一惡行的蛛絲馬跡。我的臉部表情恰如其份地因為強烈的義憤而扭曲，但是這個惡棍早已消失得無影無蹤。我推測，這一罪行發生在夜間。我詛咒個不停。我的車停在照明不錯的地方，但是很顯然，這並沒有產生阻止作用。我立刻哀嘆道，為什麼附近沒有閉路電視攝像頭來記錄這個惡棍的身份？我希望他被抓住，受到懲罰。

這是犯罪行為造成損害的一個很小的例子。但是如果認為大多數人並不會支持那些可能成功阻止犯罪和恐怖主義的措施——特別是2001年9月11日之後——那就未免太天真了。當然，如果有攝像頭來記錄某個恐怖主義分子的一舉一動，是不是就可以挫敗他(或者是「她」，只不過可能性較小)了，正如可以挫敗那個劃傷我的愛車的流氓一樣？守法的公民們一定會感到更加安全，因為他們知道監視正在進行。而且，為什麼不呢？民意調查確認了民眾的廣泛支持。除了強盜、誘拐者或者放炸彈的人之外，有誰還會害怕自己在公眾場所的行為被錄下來？而且我們不應當止步於此。技術進步讓追蹤個人的財務交易信息和電子郵件通信變得很容易。「智能」身份證的引進、生物識別技術和電子道路收費制度代表着監視手段的重大進步。只有惡人才有理由反對這些行之有效的犯罪控制手段——如果這個令人欣慰的看法確實正確的話。

我們不能對恐怖分子猶疑失措，但是我們願意用何種程度的自由受限來換取安全呢？在「九一一」事件的餘波之中，政客們，尤其是在美國的政客們，尋求擴張國家的權力來拘禁和拷問疑犯，竊聽通信，並監視那些可能介入恐怖主義的人士的行動。法律在此面臨着難以克服的困難。在戰爭期間，嚴刑峻法可能無法避免，諸如專斷的逮捕權、拘留權、未經審判的

監禁、秘密審判等等。但一個自由社會能忍受這些侵犯自由的行為多久？這些行為對法治和個人權利會造成什麼樣的持久性損害？法律可以繼續保護公民嗎？或者公民需要來自法律的保護嗎？法院能夠作為堅實壁壘，抵禦這些對自由的攻擊嗎？

實行種族隔離制度的南非，是一個試圖對「恐怖主義」作出全面攻擊的典型社會。嚴刑峻法以立法的形式，嚴重侵害了法院對於公民自由領域的管轄權。在廣泛的範圍內，可以質疑行政權行使的司法權被廢除了，大大削弱了法官的權威。在關係到基本自由事務(比如在拘禁、驅逐出境、禁令和新聞審查)方面的日益膨脹的、不受限制的行政自由裁量權，將法官降至行政行為的無力旁觀者的境地。這是對於他們職業的嚴重扭曲。而且，即使一位勇敢的法官能夠對法律作出有利於自由的解釋，在實踐中，他的努力也很可能被廢止法律效力的立法挫敗。

另外一個沒這麼突出的、帶來變化的因素是法律的國際化，或者說全球化。這個世界已經見證了國際組織(如聯合國)或地區組織(如歐盟)日益上升的影響力和重要性。這些法律淵源削弱了內國法的權威性。法律也沒有免受麥當勞效應的影響——強有力的跨國公司影響着銀行、投資、消費者市場等等。所有這一切都對法律產生了直接影響。

此外，在本書第二章討論的數個領域內，絕大多數法律制度都面臨着尚未解決的困境。有些問題該章已經涉及。這些問題既是實體問題，也是程序問題，還包括一些關於刑事司法制度的窘境。在經常涉及高深專有技術的複雜商業犯罪面前，刑事審判的未來會是什麼樣？在這種情況下，由陪審團來審判更合適，還是根本無須陪審團？大陸法系的糾問制是否比普通法系的對抗方式更為可取？在很多法域內，連訴諸法律的機會都很不均等。窮人並不是總能夠充分獲得訴諸法院或者其他爭端解決機構的救濟機會。類似的棘手問題同樣困擾着私法領域。比如，很多法律制度在與人身損害賠償和保險對於賠償金判決的影響這類的難題進行角力。

儘管法律自身並不能改變社會秩序和社會價值觀念，也不能切實維持它們，但它有影響和塑造態度的能力。那些通過法律達成社會正義的努力所取得的成功並非不實之譽。例如法律宣佈種族歧視為不合法，而這只不過是它在平權事業中取得的一小步進展。儘管沒有法律的介入，我們什麼也無法實現，但是我們必須承認法律的局限。現在有一種逐漸將道德和社會問題法律化的傾向，甚至有人認為，成為西方民主法律制度的那些價值觀念和相應的制度，可以富有成效地出口或者移植到不太發達的國家。這可能是個烏

托邦式的觀點。同樣過於樂觀的觀點可能是：經濟發展必然預示着對於人權的尊重。經常有人提出這一觀點。

現代政府支持極富野心的、經常近乎社會工程的立法計劃。立法在多大程度上能夠讓社會真正變得更好，或者能夠抵抗歧視與不公？法院是不是改變社會的更為合適的工具？在美國，一個積極進取的最高法院有權宣佈法律違憲，立法機構除了保持一致之外沒有其他選擇，它在具有重大影響的布朗訴托皮卡市教育委員會案(*Brown v Board of Educationof Topeka*)之後一直如此。法院達成一致意見，宣佈設立黑人和白人學生分別入學的公立學校具有「本質上的不平等性」。這一里程碑式的判決為種族融合和民權運動的興起打開了大門(一如字面意義)。儘管歧視可能會一直存在，但很少有人會否認，這一判例改變了法律與社會，並讓它們變得更好。

達·芬奇密碼

這樣的時刻終會來臨；人們，像我這樣的人們，對待謀殺(其他類別的)動物的態度，與我們現在對待殺人的態度一樣。

萊昂納多·達·芬奇Leonardo da Vinci

圖19　不管我們給予動物什麼樣的法律地位，在真正保護動物權益之路上的主要障礙是執法力度不夠。

　　如果沒有有效的執法，法律是無法完成崇高的抱負的。立法禁止虐待動物就是個例證。活體解剖、填鴨式餵養、毛皮貿易、打獵、陷阱、馬戲團、動物園、騎牛比賽等等只是一小部分實例，此外還有那些有意讓動物蒙受痛苦的行為，每天都在讓全世界數以百萬計的動物遭受悲慘的折磨。很多法域都頒佈了反對虐待動物的立法，但是在沒有嚴格執法的情況下，這些法律僅僅是一張空頭支票。而且執法是一個主要障礙：發現這些違法行為有賴於檢查員，而他們沒有逮捕權，檢察官又很少優先考慮虐待動物案件。再者，法官也很少施以足夠的處罰，更不用說法律規定的處罰本身就不夠嚴厲。

法律與動物的痛苦

人類之外的動物生靈得到權利的一天將會到來。除了暴君橫加干涉之外，沒有什麼可以阻止它們得到這些權利。法國人已經認為，黑色的皮膚並不是一個人平白遭受虐待者的恣意對待，卻無人理會、無法得到救濟的理由。有一天，我們也許會認識到，腿腳的數量、皮膚的絨毛或者是骶骨的末端是否融合[2]，同樣不足以構成將一個敏感的生靈棄置於這種厄運的理由。這條不可逾越的界限還由別的什麼東西構成嗎？是理性思維的能力，或者說，是對話交流的能力嗎？……問題並不在於它們是否能夠理性思考，也不在於它們是否能夠說話，問題在於，它們就得遭受痛苦嗎？為什麼法律一定要拒絕對任何敏感的生靈加以保護？……人類將保護延伸至每個能夠呼吸的事物之上的時代終將來臨……

Jeremy Bentham, *Introduction to the Principles of Morals and Legislation*

在一個焦慮感日益增加的社會裏，期望法律解決威脅我們未來的那些問題成為一種可以理解的趨勢。近年來，環境污染的危害、臭氧層變薄、全球變暖，以及其他對很多種類的動物、海洋生物、鳥類和植物的生存的威脅，已經變得越來越嚴重。越來越多的國家運用立法手段，試圖限制或者控制對於地球的摧

2　意指有無尾巴。

毀。但是，法律常常被證明是件鈍器。比如，在公司涉嫌環境污染刑事責任的情況下，定罪時必須有證據證明控制這家公司的人必然知情，或者故意為之。而證明此節之難已是臭名昭著。即使這些行為構成嚴格責任下的違法行為，法院施加罰款所起到的阻嚇作用也相當有限。也許為數眾多的、幾乎涉及環境保護每個方面的國際條約、公約和宣言可能更加有效，但是就同法律一樣，可以預見的障礙仍然是，它們能否得到有效執行。

技術挑戰

法律竭力跟上技術的進步並不是件新鮮事。但是最近的20年中，這一競賽產生了史無前例的轉型。與數碼世界相關的焦慮極易催生警惕和不安。信息技術的出現對法律形成的巨大挑戰，僅僅是眾多例證中較為明顯的一個。通過法律手段控制互聯網運營與內容的努力，已經以眾所周知的失敗而告終。事實上，在很多人心目中，互聯網自身的無政府主義和對於監管的抵制，正是其力量和魅力之所在。但是，網絡空間真的超出了監管之外嗎？著名的法學家勞倫斯·萊西格(Lawrence Lessig)令人信服地辯稱，網絡空間還是可以控制的，並非必然通過法律，而是通過網絡空間組成結構的核心部分，它的「代碼」：構成網絡空間的軟件和硬件。他認為，這種代碼要麼創造一個自由佔

主導地位的空間，要麼創造一個充滿壓迫與控制的空間。事實上，商業考慮越來越促使網絡空間明確地接受管制。網絡空間已經變成了這樣一個地方：網絡空間中的行為受到的控制甚至比現實空間中的更強。最後，他堅持，這是件由我們決定的事。它是體系架構的選擇：什麼樣的代碼才可以統治網絡空間？誰又將控制這種代碼？在這方面，核心的法律問題是代碼。我們需要選擇賦予這種代碼以活力的價值觀和原則。

信息不再僅僅是力量。它是規模巨大的生意。近年來，服務行業成為了國際貿易中增長最為迅速的部分。它佔世界貿易總額的三分之一——這一比例仍在擴大。現代產業化社會的一個核心特徵是對信息儲存的依賴，這一認識已經成為老生常談。當然，電腦的使用極大加快了信息收集、儲存、提取和流轉的效率與速度。政府和私人機構的日常運轉都需要個人數據的持續供應，用於高效管理為數眾多的服務，這些服務已經成為現代生活與公眾期望中不可分割的一部分。因此，我們舉出一個最明顯的例子：執法機構之所以能提供醫療保健、社會安全、防範與偵查犯罪等服務，就是因為它們能夠接觸海量的數據，而且公眾能夠自願提供這些數據。私營行業提供的借貸、保險以及工作，同樣催生了幾乎難以滿足的對於信息的渴求。

老大哥？

我們的隱私在未來不可能得到增強。法律可以阻止顯而易見的、殘酷無情的、滑向奧威爾式噩夢的趨勢嗎？在公共行業和私營行業中，以「低科技的」方式收集交易信息已經平平無奇。在很多發達社會中，除在公共場合用閉路電視進行日常監控之外，對手機、工作場所、車輛、電子通信和在線活動進行監視，已經日益變得理所當然。比如，在工作場所進行的越來越多的監視，不僅正在改變着工作環境的特徵，而且正在改變着我們所做的事和我們做事的方式。意識到我們的行為正在受到監視，或者可能受到監視，這會削弱我們心理和情緒上的自治力。事實上，逐漸依賴於電子監視，很可能會對我們的關係和身份產生根本性的改變。在這樣的世界裏，僱員不太可能高效地執行他們的任務。如果這種事情發生了，那麼窺探着的僱主最終會發現，他的所得與所求背道而馳。

對隱私發展趨勢的預測一點也不鼓舞人心；在未來，我們的私人生活很可能會受到更加精緻複雜、更加令人警惕的侵入。這些侵入手段包括生物識別技術的更多運用和更為靈敏的搜索手段，比如可以穿牆入室、透過衣物的衛星監測，以及「智能塵埃」設備(微型無線微機電傳感設備，縮寫為MEMS，可以感知包括光線與振動在內的任何現象)。這些所謂的「微

粒」——就像一粒沙那樣微小——能夠收集數據，並通過雙向頻帶無線電波在1000英尺的距離內發送這些數據。

當網絡空間日益成為一個危險的領域之時，我們每天都能聽到最新發生的、令人不安的、對於網民的襲擊。隨着這種監視的無孔不入，恐懼不斷增加，在「九一一」事件之前，這些恐懼就直指令人困擾的、有能力侵蝕我們的、自由的新技術。當然，關於隱私有多麼脆弱的報道至少已經流傳了一個世紀之久。但是最近十年內，這些報道的口吻變得越來越緊迫。而且這裏有個悖論。一方面，我們殘存的一點隱私依然具有復仇之心，讓最近電腦技術的發展飽受詬病；另一方面，互聯網被稱為烏托邦。在這些陳詞濫調互相辯論之時，指望它們所反映的問題能有明智的解決方法，未免失之輕率，但是在這兩種誇大其詞的主張之間，很可能存在着接近真相的東西。就隱私的未來而言，至少我們可以確定無疑的是，法律問題正在我們的眼皮底下產生變化。如果在原子笨拙統治的領域內，我們也只能有限地保護個人不受監視的侵害，那麼在我們二進制的美麗新世界裏，前景又能好多少呢？

當我們的安全受到威脅的時候，我們的自由也會不可避免地受到威脅。在這個世界裏，我們的一舉一動都在受到監視。這侵蝕着自由，而自由本是這種窺

圖20　新芬黨主席蓋瑞‧亞當斯正在展示在該黨使用的車輛中發現的、精巧的監聽設備和數字追蹤設備。

探常常想要保護的東西。我們自然必須保證，採取手段以提高安全程度的社會成本，不會高於它所帶來的利益。因此這樣的結果並不令人驚訝：在停車場、購物中心、機場以及其他公共場所安裝閉路電視，不過是將犯罪驅至別處，違法者只是簡單地去了其他地方。這種入侵打開了通向極權主義的大門。此外，在一個充滿監視的社會裏，互不信任與互相懷疑的氣氛極易產生，人們對於法律與執法者的尊重會減少，而且犯罪檢控也會急劇增加，因為偵查和取證更加容易了。

儘管在三十多個法域內，數據保護立法已經頒佈生效，但是它的範圍相當有限。它的核心理念僅僅是，在沒有正當目的，且未經相關個人同意的情況下，不應當收集與身份可以確定的個人有關的數據。在更加抽象一些的層次上，這一理念包含了被德國憲法法院稱為「信息自決」的原則——這個假說表達了基本的民主理念。但利他主義只是頒佈數據保護立法的部分動力。新的信息技術正在瓦解着國家之間的邊界，個人信息的國際流通是商業界的常規特徵。假設A國對個人信息加以保護，但是在數碼世界裏，B國對個人信息的使用並未加以控制，可以直接從B國的一台電腦上取得A國的個人信息，那麼A國的這種保護就變得無效了。因此，頒佈了數據保護法律的國家，通常會禁止向沒有類似法律的國家傳輸個人數據。事實

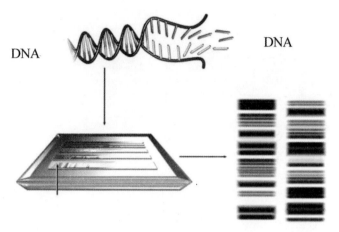

DNA　　　　　　　　　　　　**DNA**

圖21　在很多國家，使用DNA證據已經成為了刑事偵查的常規特徵。

上，歐盟的多項指令中，有一項指令就旨在消除這些「數據避風港」。沒有數據保護立法的國家，則有被關在迅速發展的信息產業的大門之外的風險。

這些法律的核心是公平信息處理中不言而喻的兩大中心原則：「使用限制」和「特定目的」原則。如果它們已經存在，則需要讓它們保持活力；如果它們尚未被採用，則需要立即被採用(最明顯的例子是美國，它也最沒有理由不採用這一做法)。而且，在網絡空間中，它們可能能夠給個人隱私提供補充保護。

隱私權的未來，大半取決於法律能否清楚定義隱私權這一概念。這不僅是因為隱私權這一理念原本就模糊不清，而且是因為當隱私權被與其相抗衡的權利

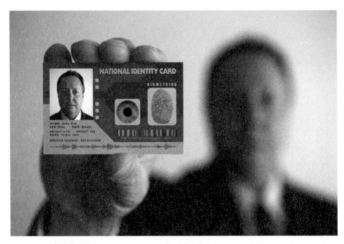

圖22 各種類型的身份證件在全世界廣泛使用,但是普通法法域極少使用它們。國際恐怖主義的興起,促使一些國家想要引入身份證件。但是身份證件能夠從無數來源拼湊出個人信息,從而構成了對個人隱私的威脅。

和利益(特別是言論自由)侵入的時候,隱私權明顯不能為私人領域提供充分的支持。在我們這個迅速發展的信息時代裏,隱私可能會更加脆弱,直到這一民主的核心價值觀被翻譯成簡單的、可以受到有效規範的語言為止。

其他的技術發展則全面改變了法律整體的根本特徵。法律已經受到了大量技術進步的深刻影響和挑戰。下文將述及電腦欺詐、身份盜竊、其他「網絡犯罪」,以及盜版數碼音樂。生物技術領域的進展,比如克隆、幹細胞研究和基因工程引發了棘手的倫理問題,並與傳統的法律理念產生了衝突。在數個法域

內，引入身份證件和生物識別技術的提案激起了人們強烈的反對。刑事審判的性質已經因DNA技術和閉路電視證據的引入而改變。

在數個國家，老大哥看起來已經頗為成功。比如，英國就誇口說有400餘萬隻閉路電視攝像頭安裝在公共場合：大約每14位居民就有一隻攝像頭。它同樣擁有全球最大的DNA數據庫，約含360萬份DNA樣本。安裝閉路電視攝像頭的誘惑，對於公私部門來說都難以抗拒。表面上看，數據保護法控制着數據的使用，但並不能證明這樣的管制是卓有成效的。在丹麥，一個根本的解決方法是拒絕使用攝像頭，除非是在例外的情況下──比如加油站。瑞典、法國和荷蘭的法律比英國的更加嚴格。這些國家採取了特許制度，而且法律要求必須在受到監控的區域的外圍張貼警告標誌。德國法中也有類似的要求。

生物識別技術的陰暗面

在許多監視技術中，生物識別技術是對個人和社會自由威脅最為嚴重的技術之一。

未來可能是這樣一種情況：在相對較為自由的國度裏，生物識別技術將會聲名狼藉。但是威權國家會把生物識別技術成功地強加給國民，後果是自由進一步減少。生物識別技術的提供者把他們的技術出售給高壓政府，因此大發橫財；同時，他們還會在相對自由的國家裏尋找軟弱的目標

以獲得據點。有些時候從動物開始，有些時候從較為弱勢的群體開始，例如脆弱的老人、囚犯、僱員、保險消費者和福利救濟者。所有相對自由的國家都會變得更具壓迫性。公眾對於公司和政府的信心會呈現螺旋式的下降。這一景象日益遠離自由，並向個人服從於強有力的組織的方向靠攏。

另一種選擇是，社會認識到了這些威脅的嚴重性，並對這些技術及其運用加以重大限制。這需要公眾的承諾和民選代表的勇氣，他們必須受得住來自大型公司、國家安全以及執法工具的壓力。正是這些壓力激發了對壓迫式技術的使用，並以恐怖主義、非法移民、國內法律與秩序等駭人的理由為合理解釋。這一遠景象徵著一種境界，即個人需要和社會整體需要之間的平衡。

Roger Clarke, 'Biometrics and Privacy' http://www.anu.edu.au/ people/Roger.Clarke/DV/Biometrics.html

為了抵禦恐怖主義的威脅，毫無疑問，未來的歲月將會見證生物識別技術應用的推廣。生物識別技術特別包括對一系列人類自然屬性進行測量，比如指紋、虹膜和耳垂的外觀特徵以及DNA。澳大利亞的隱私權擁護者羅傑·克拉克(Roger Clarke)，指出了以下這些作為生物識別技術基礎的生物特徵：一個人的外貌(由靜態照片證明)，比如護照所使用的描述，像身高、體重、膚色、頭髮和眼睛的顏色、可見的身體標誌、性別、種族、面部毛髮、是否戴眼鏡等等；

自然特性，比如頭骨尺寸、牙齒和骨骼損傷、拇指指紋、全套指紋、掌紋、視網膜掃描、耳垂的毛細血管模式、掌形幾何特徵、DNA模型；生物動力學特徵，比如個人簽名的方式、經過數據分析的聲音特徵、敲擊鍵盤的力度，特別是輸入身份賬號和密碼的方式；社交行為(由錄像證明)，比如慣常的身體信號、通常的聲音特徵、講話方式、可見的身體缺陷等；後天的身體特徵，比如身份識別牌、項圈、手鐲、腳環、條形碼、其他類型的標牌、植入性的微芯片與收發機等等。法律將需要對這一危險趨勢作出回應。

新的錯與對

可以預見的是，新的煩惱將會伴隨着技術的進步。今天它是「非法下載數據」(如下所述)；明天它將是另外一種邪惡，由我們眼下棲身的數碼世界所推動。在我們對抗這些新式掠奪時，法律不一定是我們手頭最有效的工具，也不一定是最合適的工具。技術本身常常會提供更好的解決方法。以互聯網為例，有一系列在線保護個人數據的措施，它們包括對個人信息的加密、簡化和消除。

儘管新型的惡行會一直出現，但其中有些僅僅是舊酒裝進了數碼化的新瓶。有些更加明顯的新威脅，正在考驗着法律應對新型犯罪的能力。其中包括很多複雜問題，主要原因是現在可以輕易地複製數據、軟

件或音樂。知識產權法賴以建立的基礎已經有所動搖。這種動搖涉及專利法(如下所述)和商標法,在域名領域的相關問題裏更加突出。缺陷軟件導致了潛在的違約及侵權索賠。在手機和其他設備上存儲的信息,則無情地考驗着法律保護無辜人士免遭信息「盜竊」的能力。幾乎每天都有新的威脅出現。僱主受到警告說,他們的工作人員可能會以較為輕鬆的「快速盜竊」的方法非法佔有數據。這個簡單的操作是指未經授權將信息從電腦下載到小型設備,比如iPod, MP3 或者閃盤。

罪犯們在利用法律的弱點時從來不會手腳遲緩。網絡犯罪對國際和國內層面上的刑事司法、刑法與執法都提出了新的挑戰。富有創新精神的網絡罪犯們讓警察、檢察官和法院頭痛不已。這一新的領域融合了人身型網絡犯罪(比如網絡跟蹤和網絡色情)、財產型網絡犯罪(比如黑客、病毒、對數據造成的危害)、網絡欺詐、身份竊取以及網絡恐怖主義。網絡空間為有組織犯罪提供了更為成熟的,甚至可能更為安全的方式,支撐和發展着一系列犯罪活動網絡,包括毒品和武器交易、洗錢以及走私。

互聯網的邪惡

惡意網站每天都在大量增加。5月，Google的一項調查顯示，450萬個網頁樣本中，就有45萬個陷阱網頁。另外還有70萬個看起來很可能具有危險的網頁。絕大多數網頁在利用微軟IE瀏覽器的弱點……這樣的網站越來越普遍：盜竊私人信息或者將法律的未來你的電腦變成傀儡──別人可以對它進行遠程控制。傀儡軟件可以用於獲取電子郵件地址、發送垃圾郵件以及攻擊公司網頁。然後是「拒絕服務」(DoS)型攻擊，它使用「傀儡軟件」，或者說「僵屍軟件」，通過大量虛假的需求信息衝垮公司的網站。

這些詞語像是從《活死人之夜》中召喚出了形象，而現實世界是電影的互聯網版本；成千上萬的「僵屍」攻擊一個網站，直到它斷線──就像吞噬活人的血肉一樣。這會讓網站癱瘓數日之久，給公司造成財產損失。通常情況下，這種攻擊與索要錢財同步進行。賭博網站和色情網站首當其衝：它們不願意尋求警方的幫助，往往會支付贖金──經常是匯到在俄羅斯或者東歐開立的賬戶……當然，有對付這些黑客的防禦手段，如果你不在自己的電腦上裝上殺毒軟件、防木馬軟件和反垃圾郵件軟件的話，你簡直是個瘋子……未來看起來更加可怕。威瑞信公司的西蒙·徹奇認為，罪犯們利用在線拍賣網站出售用戶信息只是個開始。他預測，現在的網頁新寵「聚合應用」式站點──它們將不同的數據庫集中在一起──可能會被非法利用。「想像一位黑客將他從旅遊公司數據庫得到的信息和谷歌地圖集合在一起。他可以把駕駛指南提供給精通科技的竊賊，在你踏上度假之路的那一刻，這份指南就可以指引他們到達你人去樓空的房子。」我不知道你會怎麼辦，但是這足以讓我指望信鴿和現金了。

Edie G. Lush, 'How Cyber-Crime Became a Multi-Billion-Pound Industry', *The Spectator*, 16 June 2007

軟件保護

複雜的法律問題一直圍繞着軟件的專利保護(在美國則是憲法問題)[3]。專利是指對利用或者開發一項發明授予的獨佔性權利。在各種形式的電腦程式與其他類型的軟件開始出現之後，法律將不斷地努力應對極具挑戰性的、有時候還是相當複雜的問題，比如軟件是否具備符合專利標準的足夠的新穎性。通常來說，法律的態度是，除非電腦程式構成適於工業應用的真正發明，否則不能作為專利被保護[4]。

另外，對於軟件、網頁甚至電子郵件信息的版權保護日益就位。顧名思義，它們的所有者們享有對上述材料進行複製的權利，並且可以阻止他人進行複製。軟件盜版已經成為主要軟件生產者(比如微軟)的重大威脅，但是這一問題極富爭議。因為有人認為，這些公司(比如微軟)聲稱蒙受的巨額損失(高達120億美元)是虛假的，因為很多購買盜版軟件的人負擔不起正

3　此處應是指美國憲法第一條第八款第八項之規定，即國會有權「保障作者與發明人對其著作與發明在有限期間內的專有權利，以促進科學與工藝之進步」。

4　此處應是指軟件的可專利性(patentability)或專利適格性(patent eligibility)，即軟件是否能夠作為專利權的客體(通常專利法會規定一系列不能作為專利保護的事物，如我國現行專利法第十五條規定的科學發現、智力活動的規則和方法等)。只有具備可專利性，才能申請專利；而申請專利能否成功，則取決於該技術或產品是否符合專利的新穎性、創造性、實用性等標準，具體由專利審查機構決定。對patent eligibility感興趣的讀者可閱讀*Bilski v Kappos, Mayo Collaborative Services v Prometheus Laboratories*等案例。

版軟件，儘管事實很清楚，有些國家(如越南)參與了批量複製軟件的過程。而且，反對對電腦軟件進行版權保護的人(比如自由軟件基金會)認為，「軟件自由」是自由問題，而不是價格問題。為了理解這一概念，你應當將這種「自由」視為「言論自由」的自由，而不是「免費啤酒」的免費[5]。軟件自由是指使用者運行、複製、發行、學習、修改以及改進軟件的自由。

但是，正如上文提及的那樣，有些惡行只是借由數碼形式重生。比如誹謗侵權就在網絡空間找到了新的棲身之地。在大多數法域中，法律通過名譽侵權或者類似的法律來保護人們的名譽。我們還記得，儘管普通法系的各個法域中存在着一些區別，但整體來說，普通法系法律認定責任的基礎是：被告基於故意或者過失發佈了虛假的、未受特權保護的、對事實[6]的陳述，且這一陳述損害了原告的名譽。大陸法系制度則未將誹謗作為一項獨立的主要侵權事項，而是通過人格權來保護名譽。但是在網絡空間裏，國境線趨於瓦解，這種區別也因此失去了重要性。

電子郵件、聊天室、電子公告牌系統、新聞群組以及博客為誹謗言論提供了肥沃的土壤。因為法律要求的「發佈」是指向除了受害人之外的其他任何一個

5　原文均為free。

6　此處的「事實」是在與「觀點」相對的意義上使用的，並不必然具有「真實發生的事情」的含義。

人發佈,所以一封電子郵件或者一個新聞群組的帖子就足以讓發佈人承擔責任。但是可能需要承擔責任的人,並不僅限於誹謗性言論的作者。

在一項重要的但不太明晰的判決中,紐約的一家法院認定,互聯網服務提供商Prodigy需要對在其電子公告牌系統上出現的誹謗言論負責。這一判決的依據是,Prodigy是一個「出版者」——主要理由在於,Prodigy對其電子公告牌系統上的內容加以編輯、控制。為達到這一目的,Prodigy為其電子公告牌系統的使用者貼出了「內容指南」,並利用了屏蔽程序軟件,來對發帖中的污言穢語進行屏蔽。之前,一項紐約法院的判決認定,另一家互聯網服務提供商CompuServe不需要為其在線論壇上出現的誹謗言論承擔責任。這一判決依據的事實是,被告僅僅是發行者,而非實際上的出版者。它的功能相當於出借圖書的圖書館。在這種情況下,言論自由的價值應當處於優先地位。在一起雙方在完整的庭審進行之前就已經和解的案件中,英國法院駁回了互聯網服務提供商作出的認為自己僅僅是無過錯的信息提供者的辯稱。[7]

7　這起案件可能是指*Godfrey v Demon Internet Service* [1999] 4 All ER 342, [2001] QB 201一案,審理該案的莫蘭法官(Morland, J.)在中間判決中作出了這一認定。原被告雙方於最終的有陪審團出席的庭審之前,以被告支付給原告一筆賠償費用(包括法律支出費用)的和解形式解決了這一糾紛。

明日的法院和律師

受到信息技術發展的深刻影響的，不僅是法律的未來，而且包括法律機構和法律執業者的未來。電腦代替法官似乎不太可能(儘管這一前景也有其支持者)，但在很多發達社會中，司法管理早已經歷了重大變化，而且將來還會如此。不少法域的法院已經受惠於獲取法律資料的便捷程度，而在此之前，這一過程可能花費大量的研究時間。配備成熟搜索工具的虛擬法律圖書館，使得法官、律師、法學家以及社會大眾可以迅捷地獲取法規、案例以及其他法律淵源。法律淵源不那麼豐富的國家，更加能夠從中獲益。越來越多的法院判決一經簽發，就立即被發佈在互聯網上。也有不少優秀的在線法律數據庫，比如findlaw.com 以及austlii.com。

審判程序的電子記錄、案件管理及電子卷宗的標準化將會提高司法程序的效率，減少那些臭名昭著的延宕。法官不辭勞苦地手寫記錄的景象已經消失，聲音辨識技術將會終結所有類型的記錄工作。以電子形式提取證據和尋找法律淵源毫不費力。另一項重大的發展可能是虛擬法院的建立，在這種法院裏，當事人不必身臨其境也可以從事訴訟行為，並由此減少費用與延宕。

上述進步(還將會有其他的進步)中的很多事項，都可能會為普通人訴諸司法提供重要的便利。當法律信

息和法律服務更容易獲得的時候，我們應當能夠更加有效地實現法律與法律制度的宏偉目標。以理查德·蘇斯金德(Richard Susskind)的話來說，律師的作用與司法管理：

> 在未來的法律模式裏，將不再被印刷品和紙張所統治。相反，在必將越來越強大的信息技術的重要影響下，信息社會的法律制度將會飛速進化。我們將不再為紛繁複雜的法律資料所累。將會有合適的機制對每一個人提出公正的警示，告訴他們新法的存在與舊法的變更。法律風險在問題發生之前就將會得到處理。糾紛預防而非糾紛解決，將成為日常秩序。因此，法律將會和我們的家庭生活、社會生活與商業生活更加緊密地結合在一起。

誰會不歡迎這一樂觀的預言呢？

法律在一個充滿變數的世界中所起到的作用

如今看來，21世紀沒有什麼可供歡慶的理由。我們的世界依舊受到戰爭、種族滅絕、貧窮、疾病、腐敗、偏執與貪婪的摧殘。六分之一的居民——十億多人——靠每天不足一美元過活。超過八億人每晚餓着肚子上床，這些人佔全世界人口的14%。聯合國估

計，每天約有2.5萬人死於饑餓。貧困與疾病之間的關係並不模糊。以愛滋病為例，95%的病例發生在發展中國家。4000萬愛滋病病毒感染者中，有三分之二居住在撒哈拉沙漠以南的非洲。

版權之死？

簡單來說，音樂行業與軟件行業發生的無政府主義革命並不相同，但是同樣的是——任何一個收藏着一堆未簽約藝術家自行出版的MP3的青少年都能告訴你——理論被事實摧毀了。無論你是Mick Jagger，是想尋求全球觀眾的、來自第三世界的著名國民藝術家，還是想重新定義音樂的閣樓藝術家，唱片產業能夠提供給你的，你都能不花一分錢得到。而且免費發行的音樂聽起來並不會更糟。如果願意的話，你可以直接給藝術家付錢，如果不願意，你也可以什麼都不付。把它給你的朋友們吧，他們可能喜歡它。

Eben Moglen, 'Anarchism Triumphant: Free Software and the Death of Copyright', in Eli Lederman and Ron Shapira (eds), *Law, Information and Information Technology* (The Hague: Kluwer LawInternational, Law and Electronic Commerce Series, 2001), pp. 145, 170–1

現今的法律模式	將來的法律模式[8]
法律服務	**法律服務**
一對一	一對多
被動式服務	主動式服務
計時收費	商品定價
限制性	授權性
防禦性	現實性
以法律為中心	以商務為中心
法律程序	**法律程序**
法律問題解決	法律風險管理
糾紛解決	糾紛預防
出版法律	普及法律
專門的法律職業	法律專家與信息工程師
以印刷品為基礎	以信息技術為基礎

Source: Richard Susskind, *The Future of Law: Facing the Challenges of Information Technology*, revised edn, 1998.

　　在這些灰暗的數據中，偶有數束光芒，讓我們不要放棄樂觀的心態。世界上很多地方至少在消滅某些折磨着個人和群體的不平等和不公正方面，取得了一定的進步。而且，這也是法律所取得的重要成果。這個進步並不小。人們很容易人云亦云地瞧不起法律，尤其是瞧不起律師，認為他們忽視，甚至進一步惡化了世上的慘事。然而，鑒於法律在確認與保護人權方

8　這一預測已有部分成為現實。國內外均產生了一些提供專業法律服務的網站，甚至是專為特定產業、特定客戶群(如互聯網創業者)提供法律服務的網站，其服務特點即與該預測存在類似之處。

面的進步，這種犬儒主義的觀點儘管還仍然存在，但是已經越來越失去根基。

在大屠殺壓抑的陰影的籠罩之下，聯合國於1948年通過了《世界人權宣言》，後來通過了《公民及政治權利國際公約》，《經濟、社會、文化權利國際公約》也於1976年生效。即使對於最具懷疑精神的觀察者來說，這也意味着國際社會對於人權的普適理念及人權保護的承諾。如上所述，儘管這種「國際人權法案」不可避免地具有較大彈性，且帶有包羅萬象的理想主義特點，但它反映了不同的國家之間也能達成跨文化的共識，而且這種共識的一致程度非同凡響。

人權的理念經歷了三個階段。第一階段的人權理念大多由「消極性的」公民權利與政治權利構成。消極性的權利是指人們有權免受特定的禁止性措施的干涉，例如我的言論自由權。積極性的權利則是指它表達了對於某些權利的訴求，例如教育權、健康權或者獲得法律代理的權利。第二階段的權利聚集在經濟、社會以及文化權利的保護傘之下。第三階段的權利主要包括集體性權利，這些權利為《世界人權宣言》第二十八條所預見，它宣稱「人人有權要求一種社會的和國際的秩序，在這種秩序中，本宣言所載的權利和自由能獲得充分實現」。這些「團結一致」的權利包括社會與經濟發展權，分享地球、太空、科技信息資源並從中獲益的權利(對於第三世界來說尤為重要)，獲

得健康的環境及和平與減輕人道主義災難的權利。

有時人們認為，我們毫無根據地給予積極性的權利優先地位，並以犧牲消極性的權利為代價。有人認為，後者才是「真正的」人權，因為沒有食物、水與居所，前者只是奢望。然而現實是，兩種類型的權利同樣重要。尊重言論自由的民主政府更加有可能解決窮人的需要。此外，在經濟和社會權利得到保護的社會裏，民主更有可能取得成功，因為人民用不着經常為他們的下一頓飯操心。

圍繞着人權概念的疑慮並不新鮮。有些理論家一直拒絕承認法律可以成為保障自由與合法性的中立的規則體系。簡單來説，他們蔑視、摒棄法治理念。其他具有類似思想傾向的人則不喜歡人權概念中暗含的個人主義。有人認為日益擴張的人權範圍會削弱「反恐戰爭」，並表達了他們的不安。其他人則發現，這些宣言中表述的很多權利前後並不一致，用語含糊抽象，並且被不可避免的排除與例外條款所削弱，因此，這些條文看起來就像是用一隻手給人東西，又用另一隻手拿走它們。較為貧困的國家則對現代的人權概念心存疑慮，時常視之為「西方的」或者「以歐洲為中心的」，認為它們並不能解決正在折磨眾多民眾的饑餓、貧窮、痛苦等問題。事實上，它們認為，這些概念只會加強目前佔據主導地位的財富和權力分配。

不能輕易忽視上面這些關於人權發展的疑慮，以

法律與國家

現代法律的力量，在於它是政府的技術工具和權力媒介。法律理念是一個基於對社會生活特點的理解而形成的框架，它是在眾多的社會互動情景與互動過程中形成的——法庭上的對抗、律師事務所裏的談判、對鄰里糾紛的管理與控制、管制機構的集體談判、警察文化的精細化等等。雖然如此，法律作為體制化的原則的這一特點，主要還是受到了國家強制力的影響。國家強制力出現在所有依法行事或不可避免地涉及國家法律的場合中，時而站在陰影裏，時而現身人前。

Roger Cotterrell, *The Sociology of Law: An Introduction*, 2nd edn (OUP, 1992), p. 312

及其他許多類似的疑慮。我們也不應有任何錯覺，認為這些國際、國內的宣言及其實施機構的作用已經足夠。它們只是為人權保護的進步提供了大致的策略框架。為數眾多的非政府組織(NGOs)、獨立人權委員會、壓力團體以及勇敢的個人所起到的作用，才是至關重要的。這一領域中逐漸發展壯大的法律體系，使得我們可以對人類未來的福祉抱有更加樂觀的態度。考慮到我們這個星球面臨的生態惡化，甚至是潛在的核威脅，我們有必要將這些權利視作武器，以保護所有生物的利益免受傷害，並改善環境以使生物能夠繁榮發展。這即使不是至關重要的，也是非常必要的。

如果要保障我們的世界和這個世界上的居民獲得可持續發展的未來，那麼唯一的方法也許是讓我們的社會經濟制度和結構發生一次根本性的轉變。對於人權的普遍確認，似乎是這一過程中必不可少的元素。馬克思主義歷史學者湯普森(E. P. Thompson)曾以有力的、華麗的詞句為法治進行辯護。在人權的普適性層面上，他的話依然適用：

> 在這個危險的世紀裏，權力掌握的資源和驕妄程度日益滋長，因此拒絕承認或者蔑視(法治的)優點，是個錯得讓人絕望的智識論斷。更加重要的是，這是個自我實現的錯誤。它鼓勵我們放棄對於惡法和對於與階級緊密聯繫的法律程序的鬥爭，讓我們在權力面前解除自己的武裝。這相當於拋棄我們圍繞着法律和在法律框架內進行鬥爭的全部遺產。一旦這種鬥爭的延續性受到破壞，民眾就不可能不立即處於危險的境地……

這段話寫於上個世紀。在我們現在這個飽受困擾的世紀裏，可以確定無疑的是，這些危險正在日益激化。

毫無疑問，法律在未來所面臨的挑戰，不僅僅會考驗它控制國內安全威脅的能力，也會考驗它形成應對國際恐怖活動的理性方法的能力。在涉及戰爭與和平問題時，國際公法與聯合國憲章將會一直為我們提

供最好的標準，幫我們判斷什麼才是「可以忍受的行為」。近年內，「人道主義干涉」已經成為國際舞台上的重要特徵。無論是在種族清洗中(在盧旺達)，還是在政權的崩潰中(在索馬里和撒哈拉沙漠以南的數個國家)，阻止或避免這些令人毛骨悚然的事件的行動，已經獲得了越來越多的支持。而且，在這個世界裏，法律必須面對來自內部的、心懷惡意的敵人，國際法的基礎也正在經受嚴峻的考驗。這場戰爭並非國家之間的戰爭，而是由具有罪惡野心的國際恐怖主義的秘密網絡所發動的。

誇大法律的重要性很容易，尤其是對於律師而言。不過歷史教導我們，法律是推動人類進步的重要力量。這進步並非微不足道。如果沒有法律，就將如同托馬斯·霍布斯所宣稱的那樣：

> 在這種狀況下，產業是無法存在的，因為其成果不穩定。這樣一來，舉凡土地的栽培、航海、外洋進口商品的運用、舒適的建築、移動與卸除須費巨大力量的物體的工具、地貌的知識、時間的記載、文藝、文學、社會等等都將不存在。最糟糕的是人們不斷處於暴力死亡的恐懼和危險中，人的生活孤獨、貧困、卑污、殘忍而短壽。[9]

9　譯文引自《利維坦》，霍布斯著，黎思復、黎廷弼譯，楊昌裕校，商務印書館，1985年9月第1版，第94頁－95頁。

如果我們想要從那些正在等候我們的災害中生存下來，如果文明社會的價值觀念與公正仍然想要盛行持久，那麼法律必然不可或缺。

法律淵源：非常簡短的介紹

　　在參考法學雜誌中的一篇論文或者法院判決的時候，我會採用公認通行的引用方式。這是標準做法；而且，儘管我已經將引用縮減到最小限度，但我使用它們，是因為我仍然抱着希望——希望你可能會想去完整地精讀某些原文。

　　引用法律雜誌或者法律評論的方式比較簡單明瞭，不需要在此多加說明。但引用案例的部分則較為龐雜，得用整整一章才能講清楚。不管怎樣，與我那個時代的律師和法學專業的學生不同的是(他們不得不翻遍書架，在落滿灰塵的書卷中尋找某個難懂的法律報告)，現在只要輸入當事人的姓名，搜索引擎就可以讓你在瞬間獲得案件信息。此外，各種各樣的數據庫可以提供案件、立法和法律評論論文的全部文檔。最為人所知的(很可能也是最全面的)的數據庫是LexisNexis和Westlaw。這兩個數據庫都包含着精心挑選的、內容廣泛的法律文件。包括www.bailii.org, www.lawreports. co.uk, www.europa.eu, www.echr.coe.int, www.worldlii.org, www. findlaw.com 在內的不少網站，都可以免費使用。

　　James A. Holland and Julian S. Webb的《學習法律規

則：法律方法和法律推理的學生手冊》第六版(*Learning Legal Rules: A Student's Legal Guide to Legal Method and Reasoning,* 6th edn(Oxford University Press, 2006)第二章，對如何查詢法律進行了完美說明。

下列說明應該足夠讓你看懂本書所作的引注了。以本書第45頁至46頁提及的多諾訴史蒂文森一案——*Donoghue v Stevenson* [1932] A.C. 562 (H.L.)——為例，案件的名稱通常以當事人的名字命名：多諾夫人訴史蒂文森先生。方括號裏的日期意味着該年份是引注中的關鍵部分。圓括號意味着年份並不重要，標注出來只是理所當然。「A.C.」是「上訴案件」的縮寫，即含有該判決的官方報告的名稱。後面的數字是官方報告上出現該案件的頁碼。「(H.L.)」則是對案件作出判決的上議院司法委員會的縮寫。

美國法院的情況則略有不同。例如，在本書第128頁至129頁討論的布朗訴教育委員會一案*Brown v Board of Education,* 347 U.S. 483 (1954)，布朗是原告，教育委員會是被告。347是記載該案件的報告的卷冊序號。「U.S.」是《美國最高法院報告》的縮寫。483是指報告上該案件開始的頁碼，1954是指該判決作出的年份。

歐洲和其他一些國家所採用的制度、普通法系主要引注規則的細則，以及其他法院(比如歐洲人權法院)的引注方式，在http:// en.wikipedia.org/wiki/Case_citation 這一維基百科頁面上有着精彩的說明。

案例討論

Chapter 2: Law's branches

Alcock v Chief Constable of South Yorkshire Police [1992] 1 A.C. 310. (Football stadium case discussed on pages 43–4). The quote is from Lord Hoffmann's speech at page 314.

Associated Provincial Picture Houses Limited v Wednesbury Corporation [1948] 1 K.B. 223.

Carlill v Carbolic Smoke Ball Co. [1893] 1 Q.B. 256.

Donoghue v Stevenson [1932] A.C. 562 (H.L.) at 580 per Lord Atkin. (The 'neighbour principle' quoted on page 46.)

Hall v Brooklands Auto-Racing Club (1933) 1 K.B. 205. The 'man on the Clapham omnibus' is first mentioned by Greer L.J.

MacPherson v Buick Motor Co. 111 N.E. 1050 (NY 1916).

Rylands v Fletcher (188) L.R. 3 H.L. 330.

New York Times v Sullivan 376 U.S. 254 (1964).

Stilk v Myrick (1809) 2 Camp. 317,170 Eng. Rep. 1168. (The sailor case on pages 39–40.)

Chapter 3: Law and morality

Shaw v Director of Public Prosecutions [1962] A.C. 220 (H.L.) at 267, *per* Lord Reid.

Roe v Wade 410 U.S. 113 (1973).

Cruzan v Director, Missouri. Department of Health 497 U.S. 261 (1990).

Airedale NHS Trust v Bland [1993] A.C. 789 at 824-5 per Hoffmann L.J. and at 859 *per* Mustill L.J.

PP v HSE [2014] High Court of Ireland.

Chapter 4: Courts

Marbury v Madison (1803) 5 U.S. (1 Cranch) 137.

Brown v Board of Education of Topeka, 347 U.S. 483 (1954).

Chapter 5: Lawyers

Rondel v Worsley [1969] 1 A.C. 191 at 227 (per Lord Reid). (The 'cab-rank' rule on pages 112–13.)

Gideon v Wainwright, 372 U.S. 335 (1963).

Chapter 6: The future of the law

Brown v Board of Education of Topeka, 347 U.S. 483 (1954).

Dredd Scott v Sandford, 60 U.S. 393 (1857).

Plessy v Ferguson, 163 U.S. 537 (1896).

推薦閱讀書目

Chapter 1: Law's roots

John N. Adams and Roger Brownsword, *Understanding Law*, 4th edition (Sweet and Maxwell, 2006).

P. S. Atiyah, *Law and Modern Society*, 2nd edition (Oxford Paperbacks, 1995).

John Austin, *The Province of Jurisprudence Determined and the Uses of the Study of Jurisprudence* (Weidenfeld and Nicolson, 1954).

J. H. Baker, *An Introduction to English Legal History*, 4th edition (LexisNexis, 2002).

Manlio Bellomo, *The Common Legal Past of Europe, 1000–1800: 4 (Studies in Medieval and Early Modern Canon Law)*, tr. Lydia G. Cochrane (Catholic University of America Press, 1995).

Jeremy Bentham, *A Fragment on Government; or, A Comment on the Commentaries*, 2nd edition (W. Pickering, 1823).

Jeremy Bentham, *An Introduction to the Principles of Morals and Legislation*, ed. J. H. Burns and H. L. A. Hart (Athlone Press, 1970) (*The Collected Works of Jeremy Bentham*, ed. J. H. Burns).

Jeremy Bentham, *Of Laws in General*, ed. H. L. A. Hart (Athlone Press, 1970) (*The Collected Works of Jeremy Bentham*, ed. J. H. Burns).

Harold J. Berman, *Law and Revolution: The Formation of the Western Legal Tradition* (Harvard University Press, 1995).

Tom Bingham, *The Rule of Law* (Penguin, 2010).

Albert H. Y. Chen, *An Introduction to the Legal System of the People's Republic of China* (Butterworths Law, Asia, 1992).

Guang Chen, Zhang Wang, Wang Chen Guang, and Zhang Xian Chu (eds), *Introduction to Chinese Law* (Sweet and Maxwell, Asia, 2001).

Richard Chisholm and Garth Nettheim, *Understanding Law: An Introduction to Australia's Legal System* (Lexis Law Publishing, 1992).

J. M. J. Chorus, *Introduction to Dutch Law*, 3rd edition (Kluwer Law International, 1998).

Andrew Clapham, *Human Rights: A Very Short Introduction* (Oxford University Press, 2007).

Council of Europe, *The Rebirth of Democracy: 12 Constitutions of Central and Eastern Europe* (Council of Europe, 1996).

François Dessemontet and Tugrul Ansay (eds), *Introduction to Swiss Law*, 3rd edition (Kluwer Law International, 2004).

Albert Venn Dicey, *Introduction to the Study of the Law of the Constitution*, ed. Roger E. Michener, 8th revised edition (Liberty Fund, 1982).

Ronald, *Taking Rights Seriously*, new impression with a reply to critics (Duckworth, 1978).

Ronald Dworkin, *Law's Empire* (Belknap Press, 1986).

Catherine Elliott, Eric Jeanpierre, and Catherine Vernon, *French Legal System*, 2nd edition (Longman, 2006).

Emily Finch and Stefan Fafinski, *Legal Skills* (Oxford University Press, 2007).

Howard D. Fisher, *The German Legal System and Legal Language*, 5th edition (Clarus Press, 2013).

George P. Fletcher and Steve Sheppard, *American Law in a Global Context: The Basics* (Oxford University Press, 2005).

Lawrence M. Friedman, *American Law in the Twentieth Century* (Yale University Press, 2002).

Lawrence M. Friedman, *American Law: An Introduction*, 2nd edition (W. W. Norton, 1999).

Lawrence M. Friedman and Rogelio Perez-Perdomo (eds), *Legal Culture in the Age of Globalization: Latin America and Latin Europe* (Stanford University Press, 2003).

Yash Ghai, *Hong Kong's New Constitutional Order: The Resumption of Chinese Sovereignty and the Basic Law*, 2nd edition (Hong Kong University Press, 1999).

Robert Gleave and Eugenia Kermeli (eds), *Islamic Law: Theory and Practice* (I.B. Tauris, 2001).

H. Patrick Glenn, *Legal Traditions of the World: Sustainable Diversity in Law* (Oxford University Press, 2007).

H. Patrick Glenn, *On Common Laws* (Oxford University Press, 2007).

H. R. Hahlo and Ellison Kahn, *The South African Legal System and Its Background* (Juta, 1968).

John Owen Haley, *The Spirit of Japanese Law* (University of Georgia Press, 2006).

Wael B. Hallaq, *An Introduction to Islamic Law* (Cambridge University Press, 2009).

Phil Harris, *Introduction to Law*, 7th edition (Cambridge University Press, 2006).

H. L. A. Hart, *The Concept of Law*, ed. P. A. Bulloch and J. Raz, 3rd edition, with an introduction by L. Green (Clarendon Press, 1994).

Thomas Hobbes, *Leviathan*, ed. M. Oakeshott (Blackwell, 1960).

Tony Honoré, *About Law: An Introduction* (Oxford University Press, 1996).

K. D. Kerameus and P. J. Kozyris, *Introduction to Greek Law*, 2nd edition (Kluwer Law International, 1988).

Michael Loewe and Edward L. Shaughnessy (eds), *The Cambridge History of Ancient China: From the Origins of Civilization to 221 BC* (Cambridge University Press, 1999).

Stanley B. Lubman, *Bird in a Cage: Legal Reform in China after Mao* (Stanford University Press, 2002).

Chibli Mallat, *Introduction to Middle Eastern Law* (Oxford University Press, 2007).

Elizabeth Martin and Jonathan Law (eds), *A Dictionary of Law*, 7th edition (Oxford University Press, 2013).

Elena Merino-Blanco, *Spanish Law and Legal System*, 2nd edition (Sweet and Maxwell, 2005).

John Henry Merryman and Rogelio Pérez-Perdomo, *The Civil Law Tradition: Introduction to the Legal Systems of Western Europe and Latin America*, 3rd edition (Stanford University Press, 2007).

S. F. C. Milsom, *Historical Foundations of the Common Law*, 2nd edition (LexisNexis, 1981).

Grant Morris, *Law Alive: The New Zealand Legal System in Context*, 3rd edition (Oxford University Press, 2014).

R. D. Mulholland, *Introduction to the New Zealand Legal System* (Butterworths Law, New Zealand, 1990).

Barry Nicholas, *An Introduction to Roman Law* (Clarendon Press, 1975).

Manfred Nowak, *Introduction to the International Human Rights Regime: No. 14* (Raoul Wallenberg Institute Series of Intergovernmental Human Rights Documentation, 2005).

Lester Bernhardt Orfield, *The Growth of Scandinavian Law* (Lawbook Exchange Ltd, 2002).

Vernon V. Palmer, *Mixed Jurisdictions Worldwide: The Third Legal Family* (Cambridge University Press, 2007).

Amanda Perreau-Saussine and James B. Murphy (eds), *The Nature of Customary Law: Legal, Historical and Philosophical Perspectives* (Cambridge University Press, 2007).

Richard A. Posner, *Law and Legal Theory in England and America* (Clarendon Press, 1996).

Gerald J. Postema, *Bentham and the Common Law Tradition* (Clarendon Press, 1989).

Ravi Prakesh, *The Constitution, Fundamental Rights and Judicial Activism in India* (Mangal Deep, India, 1998).

John Rawls, *A Theory of Justice* (Oxford University Press, 1973).

John Rawls, *Political Liberalism* (Columbia University Press, 1993).

Geoffrey Robertson, *Crimes Against Humanity: The Struggle for Global Justice* (Penguin Books, 2006).

Lawrence Rosen, *The Anthropology of Justice: Law as Culture in Islamic Society* (Cambridge University Press, 1989).

William A. Schabas, *An Introduction to the International Criminal Court*, 2nd edition (Cambridge University Press, 2004).

Brij Kishore Sharma, *Introduction to the Constitution of India* (Prentice-Hall, India, 2005).

Robert J. Sharpe and Kent Roach, *The Charter of Rights and Freedoms*, 3rd edition (Essentials of Canadian Law, Irwin Law, 2005).

Mathias Siems, *Comparative Law* (Cambridge University Press, 2014).

A. W. B. Simpson, *Invitation to Law* (Blackwell, 1988).

Gary Slapper, *How the Law Works* (Collins, 2007).

Gary Slapper and David Kelly, *The English Legal System: 2014–2015*, 15th edition (Routledge, 2014).

Peter Stein, *Roman Law in European History* (Cambridge University Press, 1999).

Alexander Vereshchagin, *Judicial Law-Making in Post-Soviet Russia* (UCL Press, 2007).

Raymond Wacks (ed.), *The Future of the Law in Hong Kong* (Oxford University Press, China, 1991).

Raymond Wacks (ed.), *The New Legal Order in Hong Kong* (Hong Kong University Press, 1999).

Raymond Wacks, *Philosophy of Law: A Very Short Introduction*, 2nd edition (Oxford University Press, 2014).

Raymond Wacks, *Understanding Jurisprudence: An Introduction to Legal Theory*, 4th edition (Oxford University Press, 2015).

Ian Ward, *A Critical Introduction to European Law*, 3rd edition (Cambridge University Press, 2009).

Thomas Wegerich and Anke Freckmann, *The German Legal System* (Sweet and Maxwell, 1999).

Peter Wesley-Smith, *An Introduction to the Hong Kong Legal System*, 3rd edition (Oxford University Press, China, 1999).

Glanville Williams and A. T. H. Smith, *Learning the Law*, 15th edition (Sweet and Maxwell, 2013).

Konrad Zweigert and Hein Kötz, *An Introduction to Comparative Law*, tr. Tony Weir (Clarendon Press, 1998).

Chapter 2: Law's branches

Paul Craig and Gráinne de Búrca, *EU Law: Text, Cases, and Materials*, 5th edition (Oxford University Press, 2011).

Helen Fenwick and Gavin Phillipson, *Text, Cases and Materials: Public Law and Human Rights*, 3rd edition (Routledge Cavendish, 2010).

George P. Fletcher and Steve Sheppard, *American Law in a Global Context: The Basics* (Oxford University Press, 2005).

D. J. Harris, M. O'Boyle, E. R. Bates, and C. M. Buckley, *Law of the European Convention on Human Rights*, 3rd edition (Oxford University Press, 2014).

James A. Holland and Julian S. Webb, *Learning Legal Rules: A Student's Guide to Legal Method and Reasoning*, 8th edition (Oxford University Press, 2013).

Ian Loveland, *Constitutional Law, Administrative Law, and Human Rights: A Critical Introduction*, 6th edition (Oxford University Press, 2012).

Alastair Mowbray, *Cases and Materials on the European Convention on Human Rights*, 3rd edition (Oxford University Press, 2012).

Clare Ovey and Robin White, *Jacobs and White: European Convention on Human Rights*, 4th edn (Oxford University Press, 2006).

Chapter 3: Law and morality

Thomas Aquinas, *Summa Theologiae, in Selected Political Writings*, tr. J. G. Dawson, ed. P. D'Entrèves (Blackwell, 1970; reprint of 1959 edition).

Aristotle, *Nichomachean Ethics*, tr. H. Rackham (Loeb Classical Library, Heineman, 1938).

Ronald Dworkin, *Life's Dominion: An Argument about Abortion and Euthanasia* (HarperCollins, 1993).

John Finnis, *Natural Law and Natural Rights* (Clarendon Press, 1980).

John Finnis, *Fundamentals of Ethics* (Georgetown University Press, 1983).

John Finnis (ed.), *Natural Law* (Dartmouth, 1991).

Lon Luvois Fuller, *The Morality of Law*, revised edition (Yale University Press, 1969).

Robert P. George, *In Defense of Natural Law* (Oxford University Press, 1999).

Joseph Raz, *The Authority of Law: Essays on Law and Morality* (Clarendon Press, 1979).

Joseph Raz, *The Morality of Freedom* (Oxford University Press, 1986).

Joseph Raz, *Ethics in the Public Domain: Essays in the Morality of Law and Politics* (Clarendon Press, 1994).

Chapter 4: Courts

Aharon Barak, *The Judge in a Democracy* (Princeton University Press, 2006).

Marcel Berlins and Clare Dyer, *The Law Machine*, 5th edition (Penguin Books, 2000).

Alan Dershowitz, *Is There a Right to Remain Silent?: Coercive Interrogation and the Fifth Amendment After 9/11* (Oxford University Press, 2008).

Ronald Dworkin, *Justice in Robes* (Belknap Press, 2006).

Jeffrey Goldsworthy (ed.), *Interpreting Constitutions: A Comparative Study* (Oxford University Press, 2007).

J. A. G. Griffith, *The Politics of the Judiciary*, 5th edition (Fontana Press, 1997).

Carlo Guarnieri, Patrizia Pederzoli, and Cheryl Thomas, *The Power of Judges: A Comparative Study of Courts and Democracy* (Oxford University Press, 2002).

Sally J. Kenney, *Gender and Justice: Why Women in the Judiciary Really Matter* (Routledge, 2012).

John Morison, Kieran McEvoy, and Gordon Anthony (eds), *Judges, Transition, and Human Rights* (Oxford University Press, 2007).

David Pannick, *Judges* (Oxford University Press, 1987)·

David Pannick, *I Have to Move My Car: Tales of Unpersuasive Advocates and Injudicious Judges* (Hart, 2008).

Alan Paterson, *Final Judgment: The Last Law Lords and the Supreme Court* (Hart, 2013).

William H. Rehnquist, *The Supreme Court* (Vintage Books USA, 2002).

Shimon Shetreet and Sophie Turenne, *Judges on Trial: The Independence and Accountability of the English Judiciary*, 2nd edition (Cambridge University Press, 2013).

Robert Stevens, *The English Judges: Their Role in the Changing Constitution* (Hart Publishing, 2005).

Chapter 5: Lawyers

Richard L. Abel, *American Lawyers* (Oxford University Press, 1991).

Richard L. Abel and Philip S. C. Lewis (eds), *Lawyers in Society: The Common Law World* (University of California Press, 1988).

Richard L. Abel and Philip S. C. Lewis, 'Lawyers in the Civil Law World', in Richard L. Abel and Philip S. C. Lewis (eds), *Lawyers in Society: The Civil Law World* (Beard Books, 2005).

Alan Dershowitz, *The Best Defense* (Vintage Books, 1983).

Mary Jane Mossman, *The First Women Lawyers: A Comparative Study of Gender, Law and the Legal Professions* (Hart Publishing, 2006).

David Pannick, *Advocates* (Oxford University Press, 1992).

Wilfrid R. Prest, *The Rise of the Barristers: A Social History of the English Bar, 1590– 1640* (Clarendon Press, 1991).

Richard Susskind, *Tomorrow's Lawyers* (Oxford University Press, 2013).

Chapter 6: The future of the law

David Bainbridge, *Introduction to Computer Law*, 6th edition (Longman, 2007).

Colin J. Bennett, *Regulating Privacy: Data Protection and Public Policy in Europe and the United States* (Cornell University Press, 1992).

Philip Bobbitt, *Terror and Consent: The Wars for the Twenty-First Century* (Alfred Knopf, 2008).

James Boyle, *Shamans, Software and Spleens: Law and the Construction of the Information Society* (Harvard University Press, 1997).

Roger Brownsword and Morag Goodwin, *Law and the Technologies of the Twenty-First Century* (Cambridge University Press, 2012).

David DeGrazia, *Animal Rights: A Very Short Introduction* (Oxford University Press, 2002).

Lilian Edwards and Charlotte Waelde (eds), *Law and the Internet: A Framework for Electronic Commerce*, 2nd edition (Hart Publishing, 2004).

Andrew T. Kenyon and Megan Richardson (eds), *New Dimensions in Privacy Law: International and Comparative Perspectives* (Cambridge University Press, 2006).

Graeme Laurie, *Genetic Privacy: A Challenge to Medico-Legal Norms* (Cambridge University Press, 2002).

Lawrence Lessig, *Code: Version 2.0* (Basic Books, 2006).

Ian Lloyd, *Information Technology Law*, 7th edition (Oxford University Press, 2014).

Andrew Murray, *Information Technology Law: The Law and Society*, 2nd edition (Oxford University Press, 2013).

Chris Reed, *Making Laws for Cyberspace* (Oxford University Press, 2012).

Tom Regan, *The Case for Animal Rights* (University of California Press, 2004).

Jeffrey Rosen, *The Unwanted Gaze: The Destruction of Privacy in America* (Vintage Books, 2001).

Peter Singer (ed.), *In Defense of Animals: The Second Wave*, 2nd edition (Blackwell, 2005).

Daniel J. Solove, *The Digital Person: Technology and Privacy in the Information Age* (New York University Press, 2006).

Raymond Wacks, *Personal Information: Privacy and the Law* (Clarendon Press, 1989).

Raymond Wacks (ed.), *Privacy* (Dartmouth, 1993).

Raymond Wacks, *Privacy and Media Freedom* (Oxford University Press, 2013).

Raymond Wacks, *Privacy: A Very Short Introduction*, 2nd edition (Oxford University Press, 2015).